홀그레인 채소 요리로 맛과 영양이
풍부한 채식을 매일 즐겨볼까요?

레시피팩토리는 행복 레시피를
만드는 감성 공작소입니다.
레시피팩토리는 모호함으로 가득한
세상 속에서 당신의 작은 행복을 위한
간결한 레시피가 되겠습니다.

홀그레인
채소 요리

통곡물, 채식을 완성하다

거친 게 매력,
채소 요리에도 홀그레인을!

우리가 홀그레인을 선택해야 하는 이유

저탄고지, 이 단어가 일상에서 자연스럽게 쓰일 즈음부터 더 이상 탄수화물은 귀한 대접을
받는 존재가 아닌 천덕꾸러기 신세가 되었습니다. 그러나 많은 부분에서 놓치고 있는
절대 진리는 우리는 탄수화물 없이 살 수 없다는 것입니다. 여전히 우리 몸의 중요한 연료인
탄수화물을 영원히 멀리하면서 사는 것은 불가능에 가깝기 때문이지요. 가장 현명한 방법은
내 몸에 좋은 탄수화물을 고르는 것! 그래서 우리는 홀그레인을 선택해야 합니다.

홀그레인(Whole grain)은 도정하지 않은 곡류를 일컫는 말로, 우리에게 가장 친숙한
것으로는 현미와 잡곡이 있습니다. 섬유질을 다 깎아내 새하얗고 부드러운 백미와 달리
노르스름한 겉껍질을 가지고 있는 현미와 잡곡은 섬유소가 풍부해 장 건강에 도움을 주고,

탄수화물의 흡수 속도를 늦춰 혈당이 급격하게 오르는 것을 막아주는 등 건강에 이로운 면이 많습니다. 또한 이들은 단백질, 비타민, 미네랄 등의 영양소도 적절히 갖고 있지요. 처음엔 거친 식감 때문에 꺼려질 수 있지만 먹을수록 볼매(볼수록 매력)란 바로 이런 것이구나 싶어요.

하지만 밥이 주식이고 반찬을 먹는 문화라면, 빵이 메인이고 샐러드를 곁들이는 문화라면, 아무리 좋은 탄수화물을 섭취한다고 해도 탄수화물의 비율은 높을 수밖에 없습니다. 그래서 우리는 반대의 방향으로 접근해 보려고 합니다. 다양한 채소를 메인으로 사용하고 홀그레인을 적절하게 배치하는 것, 그렇게 매일 그리고 자주 홀그레인을 채소와 함께 먹는 방법입니다.

오랫동안 주식으로 채소 요리를 즐기려면?
체중 감량이나 건강상의 이유로 식단 관리를 시작할 때, 많은 사람들이 채소 섭취를 늘리기 위해 샐러드를 찾습니다. '채소 요리'하면 잎채소로 만든 샐러드를 가장 쉽게 떠올리기 때문이지요. 하지만 이런 잎채소 샐러드를 한두 끼 먹다 보면 금방 허기가 지고, 결국 채소 먹기 자체를 포기하고 맙니다. 이제는 채소를 바라보는 시야를 넓혀야 합니다. 흔히 알고 있는 잎채소와 몇몇 뿌리채소 말고도 채소의 장점은 살려주고 단점은 보완해주는 다양한 식물성 재료들이 많이 있습니다.

저에게 샐러드 및 채소 요리를 오랫동안 주식으로 유지해 온 비결을 묻는다면 홀그레인, 콩류, 슈퍼푸드, 견과류와 씨앗류를 꼽을 수 있습니다. 이들을 적절히 활용해 맛을 끌어올릴 뿐 아니라 포만감과 부족한 영양도 알차게 채우는 것이지요. 단조로운 채소 요리가 매력 있게 바뀌는 시작인 셈입니다. 이 책에서 제안하는 홀그레인, 콩류, 슈퍼푸드, 견과류와 씨앗류 중에는 친숙한 재료도, 조금 낯선 재료도 있을 거예요. 친숙한 것부터 사용하면서 낯선 재료를 천천히 시도하다 보면 건강하고 현명한 그리고 맛있는 채소 요리에 누구나 한 발씩 다가갈 수 있다고 확신합니다.

슬기로운 채소 생활은 홀그레인과 함께!
그저 내 한 몸만을 위해서 시작했던 채식이었는데, 이유가 하나씩 더 붙습니다. 귀여운 고양이를 볼 때마다, 사육식 축산이 지구에 미치는 해악에 대해 생각할 때마다, 동물성 식품으로 인해 건강상의 문제를 겪고 있는 사람을 볼 때마다 '아, 채식하기 잘했구나' 다시 한 번 생각합니다.

완벽한 채식은 어렵습니다. 저 또한 완벽한 채식(비건)을 행하다가 어우러짐의 문제로 인해 현재는 95% 이상 식물성 식품으로 먹고 있습니다. 당장 완벽한 채식을 해야겠다는 다짐보다는 오늘 하루 채소를 더 많이 먹는 것을 목표로 시작해보면 어떨까요? 그렇게 채소 하는 날들이 쌓여 더 건강한 내가, 더 나은 미래가 만들어질 거예요.

끝으로, <홀그레인 비건 베이킹>이 많은 사랑을 받은 덕분에 이 책이 세상에 나올 수 있었습니다. 독자 여러분에게 감사의 마음을 전합니다.

이제 우리들의 슬기로운 채소 생활을 위해, 거친 매력의 홀그레인을 만나볼까요?

— 2022년 6월, 베지어클락 김문정

Contents

Part 1

든든한 음료

Part 2

수프와 스튜

* 이 책의 모든 레시피에는 재료의 눈대중량과 중량을 함께 표기했습니다.
눈대중량과 중량이 상이할 경우, 중량을 우선으로 계량하면 더욱 정확한 맛을 낼 수 있습니다.

기본
가이드

홀그레인과 채소 요리가 낯선 분들을 위해 준비했습니다.
어떤 재료를 사용하는지, 어떻게 먹어야 하는지, 어떻게 활용해야 하는지
홀그레인과 채소에 관한 궁금증을 담았어요.
본격적인 요리에 앞서 슬기로운 채소생활을 위해, 꼭 천천히 살펴보길 바랍니다.

이 책에서 가장 많이 쓰인 홀그레인 7가지

• 보리
보리는 찰보리, 흑보리, 납작보리
등 여러 가지 종류가 있는데, 향은
비슷하지만 식감이 많이 다르다.
찰보리와 흑보리는 삶아 샐러드나
수프에 넣으면 톡톡 터지는 식감을
느낄 수 있고, 숏파스타 대용으로도
사용 가능하다. 가공을 통해 납작하게
누른 납작보리는 상대적으로
부드러워 수프에 활용하기 적합하다.
다른 곡물에 비해 차갑게 먹어도
딱딱하지 않고 식감이 좋다.

• 율무
특유의 향이 있고 단맛이 좋은
율무는 홀그레인 중 가장 크고 동그란
모양으로 요리에 더했을 때 비주얼
적으로 특히 훌륭하다. 차갑게 식거나
냉장 온도가 되면 딱딱해지기 때문에
따뜻하게 먹는 조리법이 더 적합하다.

• 현미
가장 많이 사용되는 홀그레인 중 하나.
향이 부드럽고 은은한 단맛이 좋다.
호불호가 가장 적기 때문에 삶아서
샐러드나 밥 형태로 먹기도 하고 수프에
넣어서 끓인 후 채소와 함께 갈면
점도를 높여주기도 한다.
채소 패티에 사용하면 든든한 주먹밥
느낌을 낼 수 있다.

• 수수
붉은색을 띠고 있고 율무보다는
작은 모양인데, 식감이 비슷하거나
더 쫀득하다. 그래서 고기 대용으로
오랫동안 사용한 곡물이기도 하다.
이 책에서도 채소 패티를 만들 때
수수를 사용했는데, 특유의 쫀득한
질감이 결착력을 만들어줄 뿐 아니라
조리 후 식감도 좋게 한다.

율무

현미

수수

보리(흑보리)

채소 요리를 매일 먹어도 부족함 없게 해주는 식물성 재료는 단연코 통곡물, 홀그레인입니다.
우리가 흔히 '쌀 이외의 여러 가지 잡스러운 곡물'로 여겼던 '잡곡'이 바로 이 홀그레인인데요,
도정을 하지 않거나 최소한의 도정만 한 형태를 의미해요. 홀그레인의 다채로운 맛과 향, 식감을 알면
잘 어울리는 조리법이나 요리 형태를 이해할 수 있습니다.

• 귀리·오트밀

껍질이 도톰해서 씹는 맛이 특히 좋다. '귀리'는 가공하지 않은 곡물 그대로의 형태를 의미하며 충분히 불린 후 익혀서 수프나 샐러드 등에 주로 활용하고, 고온에서 압착한 납작한 형태인 '오트밀'은 음료나 토핑, 베이킹에 많이 사용한다. 특히 수프에 넣어 끓인 후 갈면 특유의 끈적임이 남아있는데, 이는 베타글루칸이란 성분으로 면역력 증가와 항암에 효과가 있다.

• 메밀

글루텐 함량이 적고 식감이 부드러워서 인기 있는 홀그레인 중 하나. 흙과 비슷한 특유의 향이 강해서 요리에 깊이를 더하는 풍미를 제공한다. 알레르기를 유발하는 재료이므로 유의해서 사용한다.

• 옥수수

섬유질이 풍부하고 단맛이 있는 옥수수는 샐러드, 그라탱, 수프, 빵 요리 등 거의 모든 요리에 어울리며 다른 조미를 많이 하지 않아도 맛을 낼 수 있는 장점이 있다. 초당옥수수는 조리 온도에 따라 식감에 차이가 없지만, 찰옥수수는 차가우면 딱딱해지기 때문에 따뜻하게 먹는 조리법을 추천한다. 병조림이나 통조림 제품은 전분질이 적어서 차가운 요리에도 잘 어울린다.

귀리

오트밀

메밀

옥수수

치아시드

견과류

햄프시드

참깨

아마란스

블랙렌틸

레드렌틸

퀴노아

브라운렌틸

흰콩

강낭콩

완두콩

병아리콩

영양 밸런스 맞추는 슈퍼푸드·견과류·씨앗류·콩류

이 책에서는 앞서 소개한 홀그레인 외에 각종 슈퍼푸드와 견과류, 씨앗류, 콩류도 다양하게 활용했습니다.
이 재료들에는 단백질이나 오메가-3 지방산 등이 풍부하게 들어있어 곡류, 채소류와 같이 요리하면
영양 밸런스를 더 완벽하게 맞출 수 있지요. 견과류와 콩류의 경우 고소한 맛과 오독오독한 식감까지 더해주어
채소 요리를 더욱 풍성하게 만들어줍니다.

• 견과류

캐슈넛, 아몬드, 피칸 등의 견과류는 특히 몸에 좋은 오메가-3 지방산을 많이 함유한다. 아몬드와 피칸은 샐러드나 수프의 토핑에 이용하면 오도독한 식감을 더할 수 있고, 캐슈넛이나 잣 등의 부드러운 견과류는 두유, 귀리우유 등과 갈아서 크림 소스로 활용 가능하다.

• 치아시드

물에 닿으면 점성이 있는 겔 형태로 변하는 치아시드는 섬유소가 풍부해 포만감이 특히 크다. 디저트나 샐러드에 많이 활용되며, 딸기씨와 식감이 비슷해서 딸기와 함께 갈면 낯설지 않게 먹을 수 있다.

• 햄프시드

씨앗류 중 단백질 함량이 가장 높아 전 세계적으로 인기를 끌고 있다. 스무디나 수프에 더하면 포만감을 높일 수 있다.

• 참깨·검은깨

특유의 모양과 색, 진한 향과 맛을 가지고 있다. 볶으면 향과 풍미가 좋아지고 기름양도 많아진다. 요리에 뿌려서 모양을 내기도 하고, 부침가루 대신 깨를 묻혀서 튀기기도 한다.

• 아마란스

조와 비슷하지만 더 작아서 단독으로 사용하기보다 식감을 위한 부재료로 사용하는 경우가 많다. 밥 요리에 현미와 함께 넣거나 빵 요리 반죽에 활용하고, 패티나 전을 만들 때 넣으면 식감을 풍성하게 할 수 있다.

• 렌틸

특유의 향 때문에 호불호가 강하지만 철분과 단백질이 많고 다른 콩에 비해 지방 함량이 낮다. 블랙, 브라운, 레드 등 종류가 다양한데, 일반적으로 렌틸이라고 부르는 것은 브라운렌틸이다. 블랙이나 브라운렌틸은 삶은 후에도 형태가 유지되어 샐러드, 밥 요리, 수프 등에 적합하다. 레드렌틸은 삶으면 쉽게 으깨지는 대신 특유의 향이 적고 밤과 비슷한 맛이 난다.

• 퀴노아

풍부한 단백질과 톡톡 씹히는 식감, 달콤하면서도 구수한 향으로 인기를 끄는 슈퍼푸드. 기장 혹은 조와 비슷한 느낌이 나서 우리에게도 익숙한 느낌을 준다. 삶는 시간도 짧아 샐러드, 수프, 빵 요리 등 다양하게 활용 가능하며 요리에 따라 레드퀴노아를 사용하기도 한다.

• 강낭콩·검은콩

어느 요리에 더해도 대체로 잘 어울리며 영양 밸런스를 맞출 수 있다. 병아리콩, 흰콩, 옥수수 등 다른 콩류나 곡류와 섞어서 사용하면 요리에 색감을 더하기도 좋다.

• 완두콩

유전자 변형이 전혀 없어 완두콩 단백질이 최근 식품계에서 주목받고 있다. 제철은 4~6월로 즐길 수 있는 시기가 아주 짧기 때문에 이 시기에 냉동해두거나 시판 냉동 제품을 활용한다.

• 병아리콩

콩 특유의 향이 가장 적고 삶은 밤과 맛이 비슷해 무난하게 사용할 수 있다. 병아리를 닮은 모양으로 샐러드나 수프에 넣었을 때 비주얼 면에서도 좋다.

• 흰콩

흰색 강낭콩, 화이트 키드니빈, 카넬리니빈 등의 이름이 있으나 가장 흔하게 '흰콩'이라 불린다. 이탈리아가 최대 산지이며 붉은색 강낭콩과는 달리 약간의 점성이 있어서 점도를 내는 채소 패티나 페스토, 소스 등에 활용한다.

셀러리

래디시

방울양배추

아스파라거스

주키니

허브류

샬롯

줄기콩

맛도, 모양도 다채롭게 하는 조금 낯선 채소들

이 책에서는 채소를 제대로 즐기기 위해 조금 더 다양한 컬러의 채소를 사용했어요.
다채로운 색감의 채소는 보는 즐거움뿐 아니라 각각이 가진 파이토케미컬로 건강에 도움을 주기 때문이지요.
여기서는 감자, 당근, 양파 같은 일상적인 재료 말고 조금은 낯선 채소 위주로 소개합니다.

• 셀러리
특유의 향과 아삭한 식감이 매력적인
채소. 샐러드에 더해 생으로 즐겨도
좋고, 줄기는 볶음·찜·수프 등에
더해 마늘이나 양파처럼 향채로, 향이
강한 잎은 가니시로 활용하기 좋다.

• 아스파라거스
제철인 봄에는 조직이 연해 따로
손질이 필요 없지만, 제철과
멀어질수록 아랫부분부터 껍질이
질겨져 손질이 필요하다(손질법
23쪽). 열이 많이 가해지면 식감이
물러지기 때문에 마지막에 넣는 것이
좋다.

• 줄기콩
그린빈스, 프렌치빈, 스트링빈, 줄콩
등의 이름으로 불리는 줄기콩은
줄기가 연해 줄기와 콩을 한 번에
먹을 수 있다. 생으로 혹은 데쳐서
냉동해두면 편하다.

• 래디시
빨간 무를 축소한 듯한 모양으로
무 특유의 매운맛은 거의 없다.
뿌리 부분의 색이 빨강, 노랑, 자주
등 다양한데 흔히 볼 수 있는 것은
빨간색. 얇게 썰어 샐러드에 더하거나
팬 또는 오븐에 익혀서 먹는다.

• 방울양배추
이탈리아 채소이지만 몇 년 전부터
제주도에서도 재배돼 쉽게 만날 수
있다. 양배추가 작게 압축된 형태로
조직이 더 단단하기 때문에 샐러드에
생으로 넣을 때는 한 잎씩 떼어서
사용하고, 볶거나 구울 때는 통째로
2~4등분한다.

• 샬롯
양파의 미니 버전. 매운맛이 적고
단맛이 훨씬 강하다. 슬라이스해서
생으로 먹거나 구워 먹는다.
모양을 살려 사용하면 플레이팅이
근사해진다.

• 주키니
'돼지호박'으로도 불린다. 껍질은
노란색 또는 녹색인데 시중에서
볼 수 있는 것은 대부분 녹색이다.
애호박보다 식감이 단단하고 수분이
많으며 칼로리가 아주 낮아
오랫동안 지중해 요리에 사용됐다.
오래 익혀도 모양이 흐트러지지 않아
구이에 적합하다.

• 허브류
허브류는 요리의 향을 북돋아주거나
맛에 포인트를 주는 역할을 한다. 예쁜
모양 덕분에 가니시로 활용하기도

좋은데, 이때는 모양뿐 아니라
요리 전체의 맛과 향까지 고려해
선택해야 한다. 이 책에서는
바질, 로즈마리, 파슬리, 딜, 고수 등의
다양한 허브류를 사용했다.

[남은 채소 보관하기]

• 잎채소
키친타월로 물기를 제거한 후
밀폐 용기에 넣으면 오래 보관할 수
있다. 시금치나 케일, 근대 등의
잎채소는 삶거나 데친 후 물기를 빼서
냉동한다.

• 양파, 감자, 고구마, 단호박
그늘지고 서늘한 실온에서 보관하며
가능한 싹이 나오기 전에 빨리
먹는 것이 좋다.

• 브로콜리, 콜리플라워, 대파
일정한 크기로 썰어 냉동한다.

• 아스파라거스, 줄기콩, 셀러리
물기를 제거하고 키친타월로 감싸
밀폐 용기에 넣은 후 냉장 보관한다.

토마토페이스트

토마토퓨레

크러시드페퍼

엑스트라버진
올리브오일

파프리카카루

화이트 발사믹식초

메이플시럽

16

재료 본연의 맛을 느끼게 하는 기본 양념들

채소 요리에서 양념은 채소 본연의 맛을 잘 살리는 것에 포인트를 맞춰요. 그래서 자극적인 양념보다는
감칠맛을 주거나 향과 풍미를 좋게 하는 양념을 주로 사용합니다.

• **토마토페이스트**
토마토퓨레를 끓여서 되직하게
농축한 것. 퓨레가 수분이 많고
부드러운 맛이 나는 것에 비해
토마토페이스트는 조금만 사용해도
감칠맛과 깊은 맛을 낼 수 있다.

• **토마토퓨레**
토마토를 곱게 갈아 소금과 함께
병입한 것으로 토마토 가공품 중에
가공이 가장 덜 된 제품. 껍질과 씨를
제거하고 과육만 곱게 간 '빠사타'와
껍질, 과육, 씨까지 갈아 신맛이 더
강한 '루스티카'가 있는데, 빠사타를
더 대중적으로 사용한다.

• **크러시드페퍼**
이탈리아의 매운 고추를 말린
것을 '페퍼론치노'라고 부르는데,
이것을 굵게 빻은 것을 통칭해서
'크러시드페퍼'라고 부른다.
볶음 요리에 더하면 강렬한 매운맛을
내고 가니시로 뿌리면 산뜻한
매운맛을 낸다. 우리나라 또는 베트남
마른 고추를 사용해도 무방하나
매운맛, 단맛 등에 차이가 있으므로
입맛에 맞게 양을 조절해 대체한다.

• **파프리카가루**
파프리카를 건조한 후 곱게 간 것.
고춧가루와 생김새가 비슷하다.
여기서 말하는 파프리카는 우리가
아는 것과는 다른 품종으로, 매운맛이
있어서 서양 요리에서 매운맛과
향을 내는 향신료로 쓰인다.
고운 고춧가루로 대체해도 비슷한
맛을 낼 수 있다.

• **엑스트라버진 올리브오일**
이 책에서는 채소를 굽거나 익힐
때, 드레싱이나 소스를 만들 때
등 오일이 들어가는 대부분에서
엑스트라버진 올리브오일을
사용했다. 올리브오일은 서양 요리에
잘 어울리며, 신선한 올리브오일은
그 자체만으로도 요리의 풍미를
올려준다.

• **레몬즙**
레몬의 산은 곡류와 콩류의 소화율을
높이기 때문에 홀그레인 채소
요리에서 빠질 수 없는 재료다.
드레싱 만들 때, 채소를 구울 때,
요리를 마무리 할 때 등에 레몬즙을
더하면 채소 고유의 향은 지키면서
산뜻한 신맛을 낼 수 있다.

• **식초류**
식초는 드레싱을 만들 때 많이
사용한다. 기분 좋은 산미를 주는
발사믹식초나 강하면서도 부드러운
애플사이다비네거를 주로 썼다.
현미식초나 레몬식초는 찌르는 듯한
강한 신맛을 내서 많이 사용하지
않았는데, 만약 사용할 경우 레시피의
2/3정도만 넣는 것이 좋다.

• **메이플시럽**
단맛을 주는 재료인 메이플시럽은
특유의 농후한 향이 있어서 설탕 대신
많이 활용한다. 특히 메이플시럽을
사용하면 설탕을 녹이는 과정이 없어
요리하는 시간을 줄일 수 있다.

• **소금**
소금은 천일염을 기본으로 사용했고,
경우에 따라 히말라야 솔트를
사용했다. 천일염보다는 히말라야
솔트가 좀 더 짠맛이 강하기 때문에
입맛이나 취향에 따라 조절한다.
흔히 쓰는 죽염도 천일염보다 짠맛이
강하므로 사용량에 주의가 필요하다.

• **후추**
후추는 통후추를 갈아서 넣는 것을
기본으로 한다. 시판 후춧가루는
풍미가 다소 약할 수 있다.

동물성 재료 대신 활용하는 그 외 재료들

우유, 크림, 치즈같이 요리에 빠질 수 없는 재료 중 동물성 재료를 대체할 수 있는 재료를 소개해요.
대형마트나 온라인몰(올닷 비건, 마켓컬리, 쿠팡 등)에서 구입할 수 있습니다.

두유
아몬드밀크
귀리우유
두부
템페
비건 치즈

• 우유 대체품
아몬드밀크는 우유나 생크림 대신
크리미한 맛을 낼 때 사용한다.
두유는 되도록 첨가물과 단맛이
적은 것을 고르고, 콩물을 갈아서
판매하는 것보다는 멸균제품이
활용도가 높다. 콩 특유 향에 민감한
경우 귀리우유를 사용하는 것도
방법이지만 진한맛은 덜하다.

• 두부
단단한 두부는 굽거나 튀겨서
토핑으로 사용하고, 순두부나
연두부는 수프, 소스 등에 활용하면
크리미한 맛을 줄 수 있다.

• 템페
익힌 콩을 납작하게 눌러 발효시킨
인도네시아 전통 발효 식품.
몇 해 전부터는 국내에서도 생산된다.
발효취가 있으나 된장, 간장과는
다른 향. 두부보다 단단하고 물기가
없어서 물기 없는 요리에 부스러지지
않게 사용하고 싶을 때 좋다.

• 비건 치즈
유제품을 사용하지 않고 식물성오일,
견과류, 전분 등을 사용해서 만든다.
비건이 아니더라도 유당불내증이나
유제품 알레르기가 있는 경우
사용하기 좋다. 모짜렐라, 슬라이스
치즈 등 종류가 다양하다.

집에서 손쉽게 만드는 비건 리코타치즈

1컵분(약 200㎖) / 20분(+굳히기 30분~1시간)
냉장 보관 10일

- 두유 2와 1/2컵(500g)
- 소금 약간(1g)
- 레몬즙 3큰술(45~50g)

1 _ 냄비에 두유를 넣고
중간 불에서 3~4분간
가장자리에 작은 기포가
생길 때까지(60℃) 데운 후
불을 끈다.

2 _ 소금을 넣고 녹인 후
레몬즙을 넣고 섞어
순두부같이 몽글몽글해질 때까지
15분간 그대로 둔다.

3 _ 체에 면포를 깐 후
②를 천천히 붓는다.

4 _ 치즈가 꾸덕하게 굳을 때까지
30분~1시간 동안 그대로 둔다.
분리된 유장은 버리고
치즈는 밀폐용기에 담아
냉장 보관(10일)한다.

곡류와 콩류 불리기 & 익히기 & 보관하기

대부분의 곡류와 콩류는 디리 불려서 삶아둬야 필요할 때 바로 사용할 수 있어요. 이 과정에 시간이 꽤 걸리기
때문에 미리 해두지 않으던 자연스럽게 가공품으로 손이 가게 됩니다. 일상에서 가공품 사용을 줄이고 좀 더 건강한
방법으로 식재료를 사용하-기 위해서는 조금의 수고로움이 필요합니다. 방법은 어렵지 않으니 따라해 보세요.

1_ 한 번에 여러 번 먹을 분량을 불려서 삶아두기

불리기 재료의 2~2.5배의 물에 담근 후 실온 또는 냉장실에서 불린다. 차가운 물에서 불려야
맛이 빠지는 것을 막을 수 있으며, 24시간 이내에서 길게 불릴수록 삶는 시간이 단축된다.
삶기 냄비에 불린 곡물, **넉넉한** 양의 물을 붓고 센 불에서 끓여 끓어오르면 중간 불로 줄여
아래 표의 시간을 참고해 삶는다. 삶은 후에는 체에 밭쳐 물기를 뺀다.
불린 후에는 불리기 전에 비해 무게가 통상 1.5~2배 증가하고, 삶은 후에는 처음에 비해 2~3배 증가한다.

[불릴 시간이 없는 경우]
찬물에서 하룻밤 천천히 불려야 맛의 손실을 최소화할 수 있지만, 시간적 여유가 없다면
미지근한 물에서 20~30분간 불린 후 삶는다. 이 경우 삶는 시간을 아래 제시된 시간보다 5~10분 정도 늘린다.

재료	불리기	삶기(물이 끓어오르는 시점 기준)
귀리	찬물에서 12시간	중간 불에서 15~20분
렌틸	찬물에서 12시간	중간 불에서 소금 넣고 20~30분
병아리콩	찬물에서 12시간	중간 불에서 소금 넣고 20~25분
보리	찬물에서 12시간	중간 불에서 15~20분
수수	찬물에서 12시간	중간 불에서 10~15분
율무	찬물에서 12시간	중간 불에서 20~25분
퀴노아	미지근한 물에서 10분	중간 불에서 10~15분
현미(현미찹쌀)	찬물에서 12시간	중간 불에서 15~20분
흑미	찬물에서 12시간	중간 불에서 15~20분
흰콩	찬물에서 12시간	중간 불에서 소금 넣고 20~30분

2_ 냉장 보관 또는 소분 후 냉동 보관하기

다 익은 곡류와 콩류는 3일 이내 먹을 것은 냉장 보관하고,
그 이상 보관할 경우에는 한 번 먹을 분량씩 소분해 냉동한다.
냉동 후에는 냉장실에서 자연해동한 후 사용하며
부드럽게 먹고 싶은 경우 해동한 다음 끓는 물에 넣고 5분정도 삶는다.

일상 요리에 활용하기

미리 삶아 둔 곡류와 콩류를
꼭 특별한 요리에만 더하는 것은
아니에요. 일상적인 요리에
매일 조금씩 더해 친숙해지는
방법을 소개합니다.

1_ 밥에 넣기

곡류와 콩류를 가장 손쉽게 먹는 방법은
밥을 할 때 넣는 것이다. 백미 대신 현미밥으로,
현미밥에도 여러 종류의 잡곡을 넣어서
밥을 한다. 콩도 종류별로 또는 섞어서 넣는다면
그야말로 밥만 먹어도 보약이 된다.

2_ 샐러드에 뿌리기

삶은 곡류, 삶은 콩, 견과류, 슈퍼푸드는 생채소로 만든 샐러드 또는
익힌 채소로 만든 다양한 채소 요리에 곁들이거나 토핑으로 뿌리면 영양은 물론
맛과 식감까지 한 층 업그레이드된다.

3_ 수프에 활용하거나 소스로 이용하기

곡류와 콩류의 가장 큰 특징은 익힌 후 갈면 점성이 생겨 부드러운 크림처럼
변한다는 것이다. 이런 성질을 이용해 수프에 더하면 걸쭉한 점성을 줄 수 있다.
물론 미네스트로네(48쪽)처럼 갈지 않고 건더기로 더해도 된다.
견과류의 경우 두유와 함께 갈면 크림소스나 마요네즈 대용으로 사용할 수 있다.

4_ 양념이나 음료에 더하기

참깨, 들깨, 검은깨, 해바라기씨 등의 씨앗류의 경우는 토핑으로 활용하는 방법이
가장 무난하지만 쌈장 등 각종 양념이나 나물 무침에 더하면
맛, 비주얼, 영양면에서 모두 좋다. 또한 음료를 만들 때 다른 재료와 함께 갈면
맛도 고소하고 든든하다.

자주 활용하는 채수 & 즙 & 제스트 만들기

본격적으로 요리를 시작하기 전,
자주 등장하는 재료의
기본 레시피와 손질법을
소개합니다.

채수 만들기

1 _ 찬물 10컵(2ℓ)에 말린 표고버섯
   1개, 다시마 10×10cm 1장을
   넣고 냉장실에서 하룻밤(12시간)
   우린다.
   * 냉장 보관 3~4일

생강즙·과일즙 만들기

1 _ 세라믹 도기판이나 강판에
   재료를 간다.
2 _ 면포에 넣고 즙을 낸다.
   * 무른 과일의 경우
   갈지 않고 면포에 넣어
   손으로 으깨면서 과즙을 내요.

레몬제스트 만들기

방법 1 _ 레몬을 깨끗이 씻은 후 제스터로 껍질을 긁어 제스트를 만든다.
방법 2 _ 필러로 레몬 껍질을 얇게 벗긴 후 가늘게 채 썬다.

방법 1

방법 2-1

방법 2-2

아보카도 손질하기

1 _ 칼이 씨에 닿도록 꽂은 후 360° 빙 돌려가며 칼집을 낸다.
2 _ 비틀어 두 쪽으로 나눈다.
3 _ 씨에 칼날을 꽂아 비틀어 뺀 후 손으로 껍질을 벗긴다.

아스파라거스 손질하기

1 _ 딱딱한 밑동 부분을 1.5cm 정도 잘라낸다.
2 _ 필러로 섬유질을 얇게 벗긴다. 여린 아스파라거스는 벗기지 않아도 된다.

Part 1

든든한
음료

아침 식사로도 좋은 건강 음료는 만들기도 먹기도
간편하지만 딱 한 가지가 아쉽다면 바로 포만감일 거예요.
홀그레인 음료라면 이야기가 달라집니다.
한 잔 마시면 밥 한 그릇 제대로 먹은 것처럼 든든하거든요.
그린스무디부터 커피까지, 취향에 맞게 고르세요.

에스프레소 캐슈라떼

시중에서 비건라떼를 만나기 어려웠던 시절,
카페라떼가 먹고 싶어 개발한 레시피예요.
부드러운 목 넘김을 원하면 캐슈넛을 충분히 불리고
힘 좋은 믹서를 사용해 곱게 갈아주세요.
에스프레소만 넣어도 되지만 인스턴트커피를 같이
사용하면 좀 더 진한 향을 낼 수 있답니다.

오트밀 대추스무디

참 맛있지만 만들어 먹기엔 번거로운 대추고라떼.
말린 대추로 간단하게 만들었어요.
당도는 아몬드밀크의 당도에 따라 아가베시럽 양으로
조절하세요. 따뜻하게 마셔도, 차갑게 마셔도 좋답니다.

에스프레소 캐슈라떼

3잔분 / 5~10분(+캐슈넛 불리기 30분)

• 캐슈넛 6큰술(또는 아몬드, 마카다미아, 잣, 60g)
• 대추야자 5개(또는 메이플시럽 2큰술, 약 30g)
• 에스프레소샷 4큰술(60g)
• 메이플시럽 2큰술(30g)
• 인스턴트커피 2작은술(4g)
• 생수 2와 1/2컵(500㎖)

1 _ 캐슈넛은 미지근한 물에 담가 30분간 불린다.
2 _ 믹서에 모든 재료를 넣고 곱게 간다.

[재료 알기] 대추야자
대추야자나무의 열매로
진한 단맛이 특징.
주로 중동 지역에서 재배된다.
대형마트나 온라인몰에서
구입할 수 있다.

오트밀 대추스무디

2잔분 / 5~10분

• 말린 대추 8개(약 60g)
• 오트밀 1/4컵(20g)
• 생강즙 1~2큰술(22쪽, 15~30g, 또는 생강가루 1작은술)
• 아가베시럽 1큰술(또는 올리고당, 꿀, 메이플시럽, 15g)
• 아몬드밀크 2컵(또는 귀리우유, 두유, 400㎖)

1 _ 말린 대추는 반으로 가른 후 펼쳐 씨를 제거한다.
2 _ 믹서에 모든 재료를 넣고 곱게 간다.
  * 따뜻하게 데워서 마시면 더 맛있어요.

치아시드 딸기스무디

딸기의 향을 가장 잘 살려주는 베이스는 귀리우유지만,
다른 식물성 우유도 무난하게 어울리니
상황에 맞게 사용하세요. 딸기 외에 블루베리, 라즈베리, 오디 등
다양한 베리류로 만들어도 좋답니다.

햄프시드 그린스무디

아이들에게 처음 스무디를 만들어줄 때 사용했던
재료 조합일만큼 누구나 쉽게 마실 수 있는 맛이에요.
햄프시드는 특히 단백질 함량이 높은 씨앗류로,
포만감을 주고 영양적으로도 보완을 해주는 재료랍니다.

치아시드 딸기스무디

2잔분 / 5~10분

- 딸기 2컵(또는 냉동 딸기, 200g)
- 치아시드 2큰술(30g)
- 메이플시럽 2큰술(또는 아가베시럽, 꿀, 30g)
- 귀리우유 1컵(또는 두유, 아몬드밀크, 코코넛밀크, 200㎖)

믹서에 모든 재료를 넣고 곱게 간다.

햄프시드 그린스무디

2잔분 / 5~10분

- 사과 1/2개(140g)
- 쌈케일 4장(또는 시금치, 청경채, 16g)
- 햄프시드 2큰술(또는 치아시드, 참깨, 30g)
- 코코넛워터 2컵
  (또는 귀리우유, 두유, 아몬드밀크, 400㎖)

믹서에 모든 재료를 넣고 곱게 간다.
* 사과 슬라이스와 햄프시드를 올려
스무디볼로 즐겨도 좋아요.

[재료 알기] 코코넛워터
열대 과일인 코코넛
과육 속의 물을 가공한 것.
편의점이나 마트, 올리브영 등의
드러그스토어에서 쉽게
구입할 수 있다.

귀리 밀크티잼 & 음료

오트밀, 귀리우유, 홍차, 설탕으로 잼을 만들어두면
언제든 간편하게 고급스러운 귀리 밀크티를 즐길 수 있어요.
잼은 보통 다량의 설탕을 넣고 점성이 생길 때까지 끓여 완성하지만,
여기에서는 설탕을 줄이고 오트밀을 사용했어요.
오트밀이 수분에 닿으면 끈적한 점도가 생기는 특징이 있거든요.
귀리우유는 두유로 대체 가능하지만 두유는 찻잎과 만나면
더 떫은맛이 생기기 때문에 귀리우유를 추천해요.
홍차티백은 얼그레이가 가장 무난해요.

귀리 밀크티잼

약 1/2컵분(100㎖) / 30~40분
냉장 보관 2주

- 귀리우유 1과 1/2컵
  (또는 두유, 아몬드밀크, 230~250g)
- 홍차티백 3개(또는 찻잎 6g)
- 오트밀 3~4큰술(25g)
- 황설탕 4큰술(40g)

귀리 밀크티(음료)

1잔분 / 5분 내

귀리 밀크티잼 1큰술
귀리우유 3/4컵(150㎖)

[잼 활용하기]
크래커나 식빵에 귀리 밀크티잼을
바른 후 사과나 딸기 등 과일을
올려 먹는다.

1 _ 냄비에 귀리우유를 넣고
약한 불에서 3~4분간 약 70℃로
끓인 후 불을 끈다.
홍차티백을 넣고 10분간 그대로 둔다.

2 _ 오트밀, 황설탕을 넣고
약한 불에서 10분간 저어가며 끓인다.

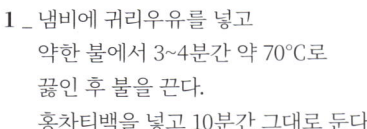

3 _ 오트밀이 부드러워지면
핸드믹서로 곱게 간다.

4 _ 잼 농드가 될 때까지 끓여 잼을
완성한 후 소독한 병에 담아
냉장 보관한다. 음료로 마실 때는
귀리우유와 섞어 밀크티를 만든다.
* 병 소독하기 163쪽

Part 2

수프와
스튜

채소에 국물을 넣고 익혀 곱게 간 형태인 '수프'에는
귀리나 현미 같은 통곡물을 더하면 부드럽고 고소한 맛을 내서 잘 어울려요.
반면 갈지 않고 만들어 건더기를 떠먹는 '스튜'는
렌틸콩, 병아리콩, 보리같이 크기가 큰 재료를 더하면 떠먹기 좋답니다.
한 그릇 먹고 나면 마음까지 따뜻해지는 여덟 가지 수프와 스튜를 소개합니다.

퀴노아 토마토수프

곡물인 듯 곡물 아닌 퀴노아는 사실 씨앗류입니다. 토마토와 함께 사용하면
부족한 영양분을 보충하그 든든함도 더할 수 있어 아주 잘 어울리는 조합이지요.
퀴노아 입자가 너무 곱게 갈리는 것보다는 적당히 씹히는 정도를 더 추천합니다.

2~3인분 / 35~45분

- 불린 퀴노아 2/3컵
  (또는 기장, 조, 약 160g)
- 토마토 5개(1kg)
- 마늘 1쪽(4g)
- 바질 2팩(20g)
- 채수 2컵(22쪽, 또는 물, 400㎖)
- 올리브오일 1큰술(15g) + 약간
- 소금 약간(1g)
- 통후추 간 것 약간

1 _ 퀴노아는 20쪽을 참고해 불린다.

2 _ 토마토는 사방 1cm 크기로 썰고,
마늘은 다진다. 바질은 장식용 3~4장을
남겨두고 잎만 굵게 다진다.

3 _ 달군 냄비에 올리브오일 1큰술을
두르고 마늘, 토마토, 다진 바질을
넣어 토마토가 으깨질 때까지
센 불에서 10분간 볶는다.
* 눌어붙기 쉬우므로 계속 저어줘요.

4 _ 불린 퀴노아, 채수를 넣고
걸쭉해질 때까지 센 불에서
10분간 끓인다.

5 _ 핸드믹서로 퀴노아 입자가
남아있을 정도로 간다.
소금, 통후추 간 것을 넣고
그릇이 담은 후 올리브오일 약간을
뿌리고 바질 잎을 올린다.

브로콜리 두부수프

브로콜리는 대표적인 항암식품으로 알려져
있지만 특유의 황냄새로 인해 호불호가 있는
식재료예요. 레몬제스트를 듬뿍 넣어 브로콜리
특유의 향을 잡고, 두부를 넣어 부드럽고
고소하게 만들었습니다.

3~4인분 / 25~35분

- 연두부 1팩(140g)
- 브로콜리 1개(또는 콜리플라워,
  아스파라거스, 방울양배추, 360g)
- 양파 1/8개(25g)
- 마늘 1쪽(4g)
- 대파 흰 부분 5cm(20g)
- 채수 2와 1/2컵(22쪽, 또는 물, 500㎖)
- 올리브오일 2큰술(30g)
- 소금 1/2작은술(2~3g)
- 통후추 간 것 약간

가니시
- 레몬제스트 1/2개분(22쪽)
- 허브 약간(딜, 파슬리, 생략 가능)
- 올리브오일 약간
- 통후추 간 것 약간

1 _ 브로콜리는 한입 크기로 썰고,
양파는 채 썬다. 마늘은 편 썰고,
대파는 송송 썬다.

2 _ 달군 냄비에 올리브오일, 양파,
마늘, 대파를 넣고 중간 불에서
5~7분간 볶는다.

3 _ 브로콜리, 채수를 넣고
중간 불에서 10분간 끓인 후
연두부, 소금, 통후추 간 것을 넣는다.

4 _ 핸드믹서로 곱게 간 후 그릇에 담고
가니시를 올린다.

귀리 양송이수프

양송이수프는 크림을 넣어 부드럽게 만드는 경우가 많아요.
동물성 크림 대신 귀리와 두유를 이용해 부드러운 맛과 식감을 냈습니다.
귀리 특유의 향과 양송이의 향은 꽤 잘 어울려서 풍미를 더욱 좋게 해요.

1~2인분 / 50~60분

- 불린 귀리 2와 1/4큰술
  (또는 현미, 약 30g)
- 양송이버섯 2개(50g)
- 양파 1/2개(100g)
- 마늘 1쪽(4g)
- 채수 1컵(22쪽, 또는 물, 200㎖)
- 두유 1컵(200㎖)
- 올리브오일 약간 + 2큰술(30g)
- 소금 약간(1g)
- 통후추 간 것 약간

1 _ 귀리는 20쪽을 참고해 불린다.
　　양송이버섯은 모양대로 썰고,
　　양파는 채 썬다. 마늘은 편 썬다.

2 _ 달군 냄비에 올리브오일 약간,
　　양송이버섯 썬 것 중 4~5개만 넣고
　　앞뒤로 노릇하게 구운 후
　　가니시용으로 빼둔다.

3 _ 달군 냄비에 올리브오일 2큰술,
　　양파, 마늘을 넣고 중간 불에서 2분,
　　나머지 양송이버섯을 넣고
　　5분간 볶는다.

4 _ 불린 귀리를 넣고 중간 불에서
　　5분간 볶은 후 채수를 넣고
　　뚜껑을 덮어 약한 불에서 중간중간
　　저어가며 20분간 익힌다.

5 _ 믹서에 ④, 두유를 넣고 곱게 간 후
　　소금, 통후추 간 것을 넣는다.
　　그릇에 담고 ②의 양송이버섯을
　　올린 후 올리브오일 약간, 통후추
　　간 것을 뿌린다.

잣 주키니수프

주키니는 별다른 맛이 없는 재료로 생각하는 경우가 많지만
과육이 단단하고 단맛이 적어서 어느 식재료와도 잘 어울리고
어떻게 요리해도 맛있어요. 단호박이나 늙은호박 대신
주키니를 활용하면 간편하게 수프를 만들 수 있답니다.
마지막에 적후추 또는 크러시드페퍼를 뿌리면 훨씬 먹음직스러워요.

2~3인분 / 25~35분

- 주키니 1개
  (또는 애호박 1과 1/2개, 400g)
- 마늘 2쪽(8g)
- 대파 흰 부분 5cm(20g)
- 잣 2큰술(20g)
- 두유 약 2/3컵(140㎖)
- 올리브오일 1큰술(15g) + 약간
- 소금 약간(1g)
- 통후추 간 것 약간

크루통
- 바게트 2조각(또는 식빵 1쪽)
- 올리브오일 1큰술(15g)
- 소금 약간(1g)
- 통후추 간 것 약간

1 _ 바게트는 사방 1cm 크기로 썬다.
주키니, 마늘은 얇게 썰고,
대파는 송송 썬다.

2 _ 달군 냄비에 올리브오일 1큰술,
마늘, 대파를 넣고 중간 불에서 2분,
주키니를 넣고 5분간 볶는다.

3 _ 잣, 두유, 소금을 넣고
핸드믹서로 곱게 간다.
* 이 과정 후 오븐을 180℃로
예열해요.

4 _ 종이호일을 깐 오븐용기에
바게트를 올린 후 나머지 크루통
재료를 골고루 뿌린다.

5 _ 180℃로 예열한 오븐에서 10분간
노릇하게 굽는다. 그릇에 수프를 담고
크루통, 올리브오일 약간, 통후추
간 것을 뿌린다.
* 빵은 팬에서 노릇하게 구워도 돼요.

병아리콩 당근스튜

폴리페놀, 플라보노이드 등 항산화 물질이 풍부한 붉은색 수수와
카로티노이드가 풍부한 단호박, 당근을 넣어 만든 주황색 스튜예요.
크러시드페퍼와 고추기름을 더해 겨울철에 칼칼하고 따뜻하게 즐기면 별미랍니다.

3~4인분 / 40~50분

- 불린 수수 1/3컵
  (또는 율무, 보리, 현미, 약 80g)
- 삶은 병아리콩 3/5컵(약 100g)
- 단호박 1/8개(또는 고구마, 감자, 100g)
- 당근 1/2개(100g)
- 대파 흰 부분 5cm(20g)
- 마늘 2쪽(8g)
- 채수 3과 1/4컵(22쪽, 또는 물, 650㎖)
- 올리브오일 3큰술(45g)
- 소금 약간(1g)
- 통후추 간 것 약간

가니시
- 통깨 약간
- 크러시드페퍼 약간
  (또는 페퍼론치노 부순 것)
- 고추기름 약간(또는 참기름)
- 고수 약간(생략 가능)

1 _ 20쪽을 참고해 수수를 불리고, 병아리콩은 불린 후 삶는다.

2 _ 단호박은 껍질과 씨를 제거한 후 사방 1cm 크기로 썰고, 당근은 사방 1cm 크기로 썬다. 대파는 송송 썰고, 마늘은 편 썬다.

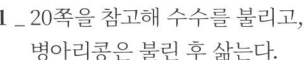

3 _ 달군 냄비에 올리브오일, 대파, 마늘을 넣고 중간 불에서 1분, 단호박, 당근을 넣고 3분간 볶는다.

4 _ 불린 수수를 넣고 1분간 볶은 후 채수를 넣고 수수가 익을 때까지 중약 불에서 중간중간 저어가며 20분간 끓인다.

5 _ 삶은 병아리콩을 넣고 5분간 더 끓인 후 소금, 통후추 간 것을 넣는다. 그릇에 담고 가니시를 올린다.

레드렌틸 토마토스튜

레드렌틸은 오랜 시간 끓이면 형태가 사라질 만큼 퍼져서
수프에 더하면 부드럽고 포근한 식감을 만들어줘요.
단백질 함량도 높고 포만감도 커서 특히 다이어트할 때
추천하는 메뉴입니다.

2~3분 / 35~45분

- 레드렌틸 2/3컵(또는 렌틸, 100g)
- 양파 1개(200g)
- 셀러리 20cm(40g)
- 당근 1/3개(65g)
- 마늘 2쪽(8g)
- 시판 썬드라이드 토마토 10개
- 채수 1과 1/2컵(22쪽, 또는 물, 300㎖)
- 두유 1/4컵(50㎖)
- 올리브오일 2큰술(30g)
- 소금 약간(1g)
- 통후추 간 것 약간

가니시
- 크러시드페퍼 약간
  (또는 페퍼론치노 부순 것)
- 고추기름 2~3큰술(또는 올리브오일)
- 딜 2줄기
  (또는 쪽파, 다진 바질, 생략 가능)

1 _ 양파, 셀러리, 당근, 마늘은
　　얇게 썰고, 썬드라이드 토마토는
　　한입 크기로 썬다.

2 _ 달군 쿰비에 올리브오일, 양파,
　　셀러리, 당근, 마늘을 넣고
　　중간 불에서 5분간 볶는다.

3 _ 썬드라이드 토마토, 레드렌틸,
　　채수를 넣고 끓어오르면 약한 불에서
　　중간중간 저어가며 20분간 끓인다.
　　* 이때 국물이 부족하다면
　　채수나 물을 조금 더 넣어요.

4 _ 두유를 넣고 섞은 후 소금,
　　통후추 간 것을 넣는다.
　　그릇에 담고 가니시를 올린다.

[재료 알기] 썬드라이드 토마토
토마토를 햇빛에 말린 후 올리브오일에
절인 것. 이 과정에서 토마토의
맛과 향이 더 진해진다. 대형마트나
온라인몰에서 구입할 수 있다.

완두콩 보리스튜

봄이 제철인 완두콩과 아스파라거스를 넣어 만든 봄기운 가득한 메뉴예요. 먹으면 기분까지 싱그러워지는 느낌이 들어 특히 좋아하는 음식이랍니다. 불 끄기 전 시금치 한 줌을 넣으면 또 다른 맛의 요리가 완성돼요.

3~4인분 / 35~45분

- 불린 흑보리 1컵
  (또는 보리, 율무, 약 200g)
- 완두콩 1과 1/2컵(150g)
- 아스파라거스 3개(또는 줄기콩, 60g)
- 양파 1/2개(100g)
- 마늘 2쪽(8g)
- 화이트와인 1/4컵(또는 청주, 50㎖)
- 채수 5컵(22쪽, 또는 물, 1ℓ)
- 올리브오일 2큰술(30g)
- 소금 약간(1g)
- 통후추 간 것 약간

가니시
- 라임 슬라이스 2~3개(생략 가능)
- 고수 2줄기(또는 쪽파, 생략 가능)

1 _ 흑보리는 20쪽을 참고해 불린다.
아스파라거스는 손질(23쪽)한 후
3cm 길이로 어슷 썰고,
양파, 마늘은 다진다.

2 _ 달군 냄비에 올리브오일, 양파,
마늘을 넣고 중간 불에서
양파가 투명해질 때까지 볶다가
불린 흑보리를 넣고 2분간 볶는다.

3 _ 화이트와인을 넣고 1분간 볶은 후
채수를 넣고 끓어오르면 약한 불에서
중간중간 저어가며 20분간 끓인다.

4 _ 아스파라거스, 완두콩, 소금, 통후추
간 것을 넣고 중간 불에서 5분간 끓인다.
그릇에 담고 가니시를 올린다.
* 이때 국물이 부족하다면 채수나 물을
조금 더 넣어요.

메밀 미네스트로네

미네스트로네는 여러가지 채소와 토마토페이스트 등을 넣어 만든
이탈리아의 전통 수프예요. 여기에 메밀을 더하면 메밀 특유의 향과 맛이
미네스트로네에 잘 녹아든답니다. 채소는 무, 완두콩 등으로 대체해도 좋고
여름에는 차갑게 해서 레몬즙을 넣어 먹어도 맛있어요.

4~5인분 / 40~45분

- 메밀 1/2컵(또는 보리, 율무, 100g)
- 당근 1/4개(50g)
- 셀러리 20cm(40g)
- 감자 1/2개(100g)
- 양파 1/2개(100g)
- 양배추 3장(손바닥 크기, 약 100g)
- 마늘 1쪽(4g)
- 바질 1팩(10g)
- 시판 홀토마토 1컵(200g)
- 채수 4컵(22쪽, 또는 물, 800㎖)
- 올리브오일 2큰술(30g) + 약간
- 소금 2/3작은술(3~4g)
- 통후추 간 것 약간

1 _ 당근, 셀러리, 감자, 양파, 양배추는
사방 1cm 크기로 썬다.

2 _ 마늘은 편 썰고, 바질은 다진다.

3 _ 달군 냄비에 올리브오일 2큰술,
마늘을 넣고 약한 불에서 1분, 당근,
셀러리, 감자, 양파, 양배추를 넣고
중강 불에서 10분간 볶는다.

4 _ 메밀, 홀토마토, 채수를 넣고
끓어오르면 약한 불로 줄여
20분간 중간중간 저어가며 끓인다.
* 홀토마토를 주걱으로 으깨면서
저으세요.

5 _ 바질, 소금, 통후추 간 것을 넣고
섞은 후 그릇에 담고 올리브오일
약간을 뿌린다.

Part 3

샐러드와
핑거푸드

샐러드하면 소위 '풀'이 잔뜩 들어간, 초록초록한 형태를
떠올리는 분이 많아요. 하지만 꼭 잎채소가 아니어도 얼마든지 훌륭한
샐러드를 만들 수 있습니다. 이번 파트에서는 평소 샐러드에서 보기 어려웠던
채소부터 곡류와 콩류, 견과류를 더해 만든 다채로운 샐러드와 핑거푸드를
소개해요. 한 끼 식사로는 물론 입맛 돋우는 식전 요리로도 제격이랍니다.

율무 토마토 웜샐러드

팬에 볶아 따뜻하게 즐기는 샐러드입니다.
율무는 특히 샐러드에 더하면 비주얼뿐 아니라
탱글탱글 씹히는 식감이 좋아요. 토마토는 되도록
단단한 것으로 고르고, 큼직하게 썰어 무르지
않도록 볶는 게 포인트입니다.

2~3인분 / 20~25분

- 삶은 율무 약 1과 1/4컵
  (또는 보리, 200g)
- 토마토 1과 1/2개(300g)
- 꽈리고추 약 13개(또는 고추,
  아스파라거스, 줄기콩, 65g)
- 마늘 10쪽(40g)
- 케이퍼 1큰술(10g)
- 올리브오일 1큰술(15g)
- 양조간장 1큰술(15g)
- 통후추 간 것 약간

1 _ 율무는 20쪽을 참고해 불린 후
    삶는다.

2 _ 꽈리고추는 2등분하고,
    토마트는 2cm 두께로 썬다.
    마늘은 편 썰고, 케이퍼는 다진다.

3 _ 달군 팬에 올리브오일, 꽈리고추,
    마늘, 케이퍼를 넣고 센 불에서
    2~3분간 노릇하게 볶는다.

4 _ 삶은 율무, 토마토, 양조간장을 넣고
    볶다가 물기가 없어지면 불을 끄고
    통후추 간 것을 뿌린다.

비건 치즈 드레싱의 방울양배추 샐러드

방울양배추는 한 잎씩 떼어서 샐러드를 만들면 볼륨감도 생기고 단단하지 않아서
먹기 좋아요. 아스파라거스와 줄기콩은 기호에 따라 생으로 즐기거나
데쳐서 사용합니다. 리코타치즈의 농도에 따라 드레싱 농도가 달라지는데,
되직할 경우 두유를 더 넣어 먹기 좋게 만드세요.

2~3인분 / 20~30분

- 방울양배추 5개(또는 양배추,
  손바닥 크기 3~4장, 100g)
- 아스파라거스 4개(80g)
- 줄기콩 8~9개(75g)
- 사과 1/2개(또는 배, 90g)
- 피칸 8개(또는 호두, 약 25g)

비건 치즈 드레싱
- 비건 리코타치즈 130g(19쪽,
  또는 리코타치즈, 그릭요구르트)
- 레몬즙 2큰술(30g)
- 생강즙 1작은술(22쪽, 5g)
- 다진 허브 약간(딜, 바질 등, 2g)
- 소금 약간(1g)

1 _ 볼에 비건 치즈 드레싱 재료를
섞는다.

2 _ 방울양배추는 한 잎씩 떼어내고,
아스파라거스는 손질(23쪽)한 후
필러로 얇게 저민다.

3 _ 줄기콩은 2등분하고,
사과는 얇게 썰거나 채 썬다.
피칸은 달군 팬에 넣고 약한 불에서
2~3분간 볶은 후 굵게 다진다.

4 _ 끓는 물에 소금(약간), 방울양배추를
넣고 중간 불에서 1분간 데친 후 체에
밭쳐 물기를 뺀다. * 아스파라거스와
줄기콩을 데칠 경우 30초간 데쳐요.

5 _ 볼에 피칸을 제외한 모든 재료를 넣고
드레싱과 섞은 후 피칸을 뿌린다.

잣 드레싱의 아스파라거스 샐러드

고소한 맛이 좋은 잣 드레싱은
주로 한식 요리에 많이 사용하지만
아스파라거스, 샐러리 등
서양식 재료와도 잘 어울려요.
사과는 깨끗이 씻어 껍질째
사용하면 영양도, 색감도 더
좋답니다.

2~3인분 / 20~25분

- 미니 아스파라거스 10개
  (또는 아스파라거스 4개, 참나물,
  줄기콩, 셀러리, 80g~90g)
- 셀러리 15cm(30g)
- 사과 1/3개(약 80g)
- 양파 1/5개(40g)
- 통후추 간 것 약간

잣 드레싱
- 잣 4큰술(또는 다른 견과류, 40g)
- 두유 1/2컵(100㎖)
- 소금 1/2작은술(2g)
- 통후추 간 것 약간

1 _ 볼에 잣, 두유를 넣고
10분간 불린 후 믹서에
잣 드레싱 재료를 넣어 곱게 간다.

2 _ 양파는 얇게 채 썰어
찬물에 담가 매운맛을 뺀 후
체에 밭쳐 물기를 뺀다.

3 _ 아스파라거스는 손질(23쪽)한 후
4cm 길이로 어슷 썰고,
셀러리, 사과는 얇게 썬다.

4 _ 끓는 물에 아스파라거스를 넣고
30초간 데친 후 체에 밭쳐
물기를 뺀다.

5 _ 볼에 모든 재료를 넣고 버무린다.

구운 단호박 현미샐러드

포만감이 좋아 한 끼 식사로 특히 추천하는 샐러드예요. 작은 밤호박으로 만들면 더 맛있답니다.
드레싱의 과일즙은 주로 사과즙을 사용하는데, 새콤한 맛을 좋아한다면 레몬즙도 좋아요.

2~3인분 / 20~30분

- 삶은 현미 약 1컵
  (또는 귀리, 보리, 200g)
- 단호박 1/3개(약 250g)
- 양파 1/2개(100g)
- 셀러리 5cm(또는 고수, 10g)

양념
- 파프리카가루 1/2큰술
  (또는 고춧가루, 3g)
- 다진 마늘 1/2큰술
- 과일즙 1큰술(22쪽, 15g)
- 올리브오일 2큰술(30g)
- 소금 1/2작은술(2g)
- 통후추 간 것 약간

과일즙 드레싱
- 과일즙 2/3큰술(22쪽, 10g)
- 올리브오일 약 1과 1/2큰술(20g)
- 소금 1/2작은술(2g)
- 통후추 간 것 약간

1 _ 현미는 20쪽을 참고해 불린 후 삶는다.
단호박은 씨를 파낸 후 2cm 두께로
썰고, 양파도 2cm 두께로 썬다.
셀러리는 굵게 다진다.
* 단호박 껍질은 기호에 따라 벗겨요.

2 _ 팬에 단호박, 양파, 양념을 넣고
버무린다.

3 _ 불을 켜고 중강 불에서 5~7분간
노릇하게 굽는다.

4 _ 볼에 과일즙 드레싱을 섞은 후
삶은 현미, 셀러리를 넣고 버무린다.
그릇에 ③과 함께 담는다.
* 레몬이나 견과류를 곁들여도 좋아요.

사과 귀리샐러드와 템페튀김

콩을 발효시켜 만드는 템페. 특유의 발효향이 익숙하지 않은 분들에게
추천하는 메뉴예요. 생강즙, 카레가루, 후추가루 등으로 밑간을 해
익숙한 맛으로 즐길 수 있답니다. 빵가루를 묻히는 단계에서 냉장 보관했다가
먹기 직전에 구우면 더 바삭해요.

3~4인분 / 25~30분

- 삶은 귀리 약 3/5컵(100g)
- 템페 1봉(200g)
- 사과 1/3개(70g)
- 양파 1/4개(50g)
- 셀러리 10cm(20g)
- 딜 1줄기(2g)
- 빵가루 1컵(50~60g)
- 식용유 9큰술

두유 메이플 드레싱
- 두유 약 1큰술(18g)
- 레몬즙 2/3큰술(12g)
- 메이플시럽 2/3큰술(12g)
- 소금 약간(1g)

밑간
- 생강즙 2/3큰술(22쪽, 10g)
- 올리브오일 1큰술(15g)
- 카레가루 2/3작은술(3g)
- 소금 약간(1g)
- 통후추 간 것 약간

전분물
- 감자전분 1큰술(또는 칡전분)
- 물 1큰술

가니시
- 딜 약간
- 레몬제스트 약간(22쪽, 생략 가능)

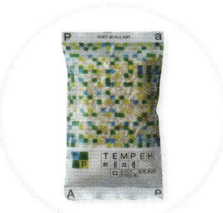

[재료 알기] 템페
익힌 콩을 납작하게 눌러서 발효한
인도네시아 전통 발효 식품.
국내에서는 파아프 사에서 생산하며,
온라인몰에서 구입할 수 있다.

1 _ 귀리는 20쪽을 참고해 불린 후 삶는다.
사과, 양파, 셀러리, 딜은 굵게 다진 후
삶은 귀리, 두유 메이플 드레싱 재료와
섞는다. 템페는 1×1×7cm 크기로
썬 후 밑간 재료와 버무린다.

2 _ 볼에 템페, 전분물을 넣고 버무린 후
빵가루를 묻힌다.

3 _ 팬에 식용유를 넣고 빵가루를
떨어뜨렸을 때 기포와 함께
떠오를 때까지 데운 후 템페를 넣고
중간 불에서 2~3분간 노릇하게
튀긴다.

4 _ 식힘망에 펼쳐 올려 기름기를 뺀 후
①의 샐러드와 함께 그릇에 담고
가니시를 올린다.

퀴노아 판자넬라 샐러드

판자넬라 샐러드는 빵과 각종 채소, 올리브유 등을 넣고 만든 이탈리아의 대표적인
브레드 샐러드예요. 여기에 퀴노아와 완두콩, 올리브 등을 더해 영양 균형을
맞췄습니다. 빵 대신 구운 고구마나 감자를 넣어도 잘 어울려요.

3~4인분 / 30~35분

- 삶은 퀴노아 약 1컵(또는 기장, 170g)
- 아스파라거스 5개(100g)
- 루꼴라 1줌(40g)
- 완두콩 1/2컵(50g)
- 그린 올리브 6~7개(60g)
- 래디시 1개(10g)

크루통
- 치아바타 1개
  (또는 바게트, 식빵, 180g)
- 올리브오일 3~4큰술(50g)
- 다진 파슬리 1과 1/2작은술
  (8g, 또는 다른 허브가루 1~2g)
- 소금 1/2작은술(2~3g)
- 다진 마늘 1/2작은술(4g)
- 통후추 간 것 약간

메이플 레몬 드레싱
- 레몬즙 1개분(30g)
- 메이플시럽 2큰술(30g)
- 올리브오일 3~4큰술(50g)
- 소금 1작은술(5g)
- 통후추 간 것 약간

[빵 사용하기]
치아바타 대신 식빵을 사용할 경우
실온에 꺼내두어 겉면을 건조한 후
구워야 바삭하게 구워진다.

1 _ 퀴노아는 20쪽을 참고해 불린 후
삶는다. * 이 과정 후 오븐을 180℃로
예열해요.

2 _ 치아바타는 사방 2cm 크기로 썬 후
나머지 크루통 재료와 섞는다.

3 _ 종이호일을 깐 오븐용기에 ②를
올린 후 180℃로 예열한 오븐에서
15분간 노릇하게 굽는다.
* 팬에서 노릇하게 구워도 돼요.

4 _ 루꼴라, 손질(23쪽)한 아스파라거스는
2cm 길이로 썬다.

5 _ 그린 올리브, 래디시는 얇게 썬다.

6 _ 끓는 물에 소금(약간), 아스파라거스를
넣고 1분간 삶은 후 건진다.
이때 물은 계속 끓인다.

7 _ ⑥의 끓는 물에 완두콩을 넣고
5분간 삶은 후 체에 밭쳐
물기를 뺀다.

8 _ 볼에 크루통을 제외한 모든 재료를 넣고
메이플 레몬 드레싱을 넣어 버무린다.
크루통을 넣고 가볍게 섞는다.

보리샐러드를 올린 파프리카 주키니 카나페

이 재료 조합은 간단하게 올리브오일, 소금, 후추로만 간해도 아주 맛있는 샐러드가 돼요.
한입에 먹을 수 있는 방법이 없을까 고민하다가 주키니와 파프리카를 이용해 핑거푸드로
만들었습니다. 손님 초대 요리나 간단한 안주로도 좋아요.

2~3인분 / 25~30분

- 삶은 보리 약 2/3컵(120g)
- 주키니 1개(400g)
- 미니 파프리카 4~5개(150g)
- 사과 1/5개(40g)
- 셀러리 5cm(또는 쪽파, 10g)
- 비건 모짜렐라치즈 70g

드레싱
- 올리브오일 1/3큰술(5g)
- 소금 1작은술(2~3g)
- 통후추 간 것 약간

[재료 알기] 비건 모짜렐라치즈
유제품을 사용하지 않고 만든
비건용 치즈. 바이오라이프(violife)
사의 제품을 주로 사용하며,
온라인몰에서 구입할 수 있다.

1 _ 보리는 20쪽을 참고해 불린 후
삶는다. 주키니, 미니 파프리카는
1cm 두께로 썬다.

2 _ 사과, 셀러리, 비건 모짜렐라치즈는
사방 0.5cm 크기로 썬 후
삶은 보리, 드레싱 재료와 버무린다.
* 이 과정 후 오븐을 200℃로
예열해요.

3 _ 종이호일을 깐 오븐용기에 주키니를
올린 후 그 위에 미니 파프리카, ②를
올린다. 200℃로 예열한 오븐에서
15분간 굽는다.
* 딜을 올리면 잘 어울려요.

아보카도 크림을 올린 감자 카나페

노릇하게 구운 감자 위에 아보카도 크림과
제철 과일을 얹었어요. 알 년 내내 쉽게
구할 수 있는 재료이기 때문에 언제든
만들어 먹을 수 있답니다. 감자 대신 고구마나
마 등을 사용해도 좋아요.

3~4인분 / 25~30분

- 감자 2개(또는 고구마, 마, 400g)
- 사과 1개(또는 제철 과일, 200g)
- 케이퍼 약간(또는 올리브 슬라이스)
- 레몬제스트 약간(22쪽)
- 올리브오일 2큰술(30g) + 약간

아보카도 크림
- 아보카도 1/2개(100g)
- 다진 바질 8~10장분(8g)
- 오트밀 약 2큰술(15g)
- 케이퍼 1큰술(10g)
- 레몬청 1큰술
  (또는 메이플시럽, 15g)
- 올리브오일 2큰술(30g)
- 소금 약간(1g)
- 통후추 간 것 약간

[레몬청 만들기]
얇게 슬라이스한 레몬, 황설탕을
저장용기에 1:1 비율로 넣고
버무린다. 실온에서 3~4일간
매일 저어주며 설탕을 완전히
녹인 후 냉장 보관한다.

1 _ 감자는 1cm 두께로 썰고,
　　사과는 0.5cm 두께로 썬다.

2 _ 푸드프로세서에 아보카도 크림 재료를
　　모두 넣고 간다.
　　* 아보카도 손질하기(23쪽)

3 _ 달군 팬에 올리브오일 2큰술을
　　두르고 감자를 넣어 중약 불에서
　　10분간 앞뒤로 노릇하게 굽는다.
　　* 젓가락으로 찔렀을 때 부드럽게
　　들어가면 잘 익은 거예요.

4 _ 구운 감자에 아보카도 크림을 나눠
　　올린 후 사과, 케이퍼, 레몬제스트를
　　올리고 올리브오일을 약간 뿌린다.

비트후무스를 곁들인
퀴노아 호박전

퀴노아와 주키니로 만든 전은 다소 생소할 수 있는 조합이지만
달큰하면서도 고소해서 자꾸 생각나는 맛이에요. 주키니의 수분에 따라
반죽의 농도가 달라질 수 있으니 오트밀을 가감해 조절하세요. 완성한 후
후무스에 삶은 병아리콩을 올리면 씹는 맛을 더할 수 있답니다.

4인분 / 35~40분

- 주키니 1개(400g)
- 삶은 흰콩 약 1과 2/3컵(280g)
- 삶은 레드퀴노아 약 1과 1/3컵
  (또는 퀴노아, 조, 기장, 250g)
- 마늘 2쪽(8g)
- 올리브오일 2큰술(30g)
- 고수 2~3줄기(또는 파슬리)

가루류
- 오트밀 약 4큰술(45g)
- 통밀가루 약 3큰술(35g)
- 감자전분 1큰술(10g)
- 소금 1작은술(5g)
- 통후추 간 것 약간

비트 후무스
- 삶은 병아리콩 약 1컵(180g)
- 비트 1/2개(약 250g)
- 마늘 1쪽(4g)
- 레몬즙 1큰술(10g)
- 올리브오일 1큰술(15g)
- 소금 2/3작은술(3~4g)

1 _ 흰콩, 병아리콩, 레드퀴노아는
20쪽을 참고해 불린 후 삶는다.
비트는 껍질을 벗긴 후 냄비에 약간의
물과 함께 넣고 중간 불에서 20~30분간
익힌다. * 젓가락으로 찔렀을 때
부드럽게 들어가면 잘 익은 거예요.

2 _ 푸드프로세서에 주키니, 삶은 흰콩과
삶은 레드퀴노아, 마늘을 넣고
굵게 간 후 가루류를 넣고 섞는다.

3 _ 달군 팬에 올리브오일 2큰술을
두른 후 ②를 한 숟가락씩 올려
동그랗게 펼친다. 중간 불에서
2분간 앞뒤로 노릇하게 굽는다.

4 _ 푸드프로세서에 비트 후무스 재료를
넣고 곱게 간 후 그릇에 ③의
호박전, 고수와 함께 담는다. 호박전
위에 비트 후무스를 올려 먹는다.

Part 4

밥
요리

홀그레인의 매력을 가장 온전히 느낄 수 있는 것이 밥 요리라고 생각해요.
평소처럼 밥에 더해 먹는 것도 좋지만, 가끔은 특별하게 즐겨보세요.
냉장고 속 재료로 뚝딱 만드는 한 그릇 밥부터
별미로 즐기기 좋은 밥 활용 요리까지 다양하게 준비했습니다.

연두부 토마토덮밥

수업을 하다보면 10분 내외로 식사를 빠르게 해결해야 할 일이 많아요.
밥에 연두부와 자투리 채소를 올린 이 메뉴를 몇 날 며칠 먹었던 기억이 납니다.
화려한 양념도 필요 없어요. 좋은 올리브오일과 발사믹식초면 충분하답니다.

1인분 / 10분

- 현미밥 2/3공기(약 130g)
- 연두부 1/2팩(약 130g)
- 루꼴라 3~4장(또는 다른 잎채소)
- 방울토마토 6개(90g)
- 소금 약간(1g)
- 통후추 간 것 약간
- 검은깨 약간(또는 참깨)

양념
- 발사믹식초 1큰술
  (또는 양조간장, 15g)
- 올리브오일 1큰술(15g)

1 _ 연두부는 물기를 제거한 후
   1cm 두께로 썰고,
   루꼴라, 방울토마토는 4등분한다.

2 _ 볼에 양념 재료를 섞는다.

3 _ 그릇에 현미밥을 펼쳐 담고
   연두부를 올린 후
   소금, 통후추 간 것을 뿌린다.

4 _ 루꼴라, 방울토마토를 올린 후
   토마토에 양념을, 두부에 검은깨를
   뿌린다.

당근라페 아보카도덮밥

홀그레인 중에서도 귀리와 흑미는 씹는 맛이 좋아 밥 요리에 자주 활용해요. 귀리흑미밥에 당근라페와 아보카도를
곁들이면 색감, 맛, 식감이 훌륭해집니다. 당근라페의 포인트는 오렌지와 생강즙! 삼합처럼 딱 맞는 조합이니
당근라페 만들 때 꼭 넣으세요.

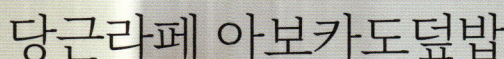

2인분 / 20~25분

• 삶은 귀리 약 1컵
  (또는 현미, 흑미, 160g)
• 삶은 흑미 약 4/5컵(또는 현미, 160g)
• 아보카도 1/4개(50g)
• 아몬드 4큰술(약 50g)

당근라페
• 당근 1개(200g)
• 오렌지 1/2개
  (제스트 1/2개분 + 오렌지즙 4큰술)
• 화이트 발사믹식초 2큰술
  (또는 사과식초)
• 올리브오일 2큰술(30g)
• 생강즙 1작은술(22쪽, 5g)
• 디종 머스터드 1작은술
  (또는 홀그레인 머스터드, 5g)
• 소금 약간(1g)

가니시
• 고수 2줄기(또는 쪽파, 부추,
  파슬리, 생략 가능)
• 올리브오일 약간
• 통후추 간 것 약간

1 _ 귀리와 흑미는 20쪽을 참고해
  불린 후 삶는다.

2 _ 당근은 가늘게 채 썰고,
  오렌지는 제스트(22쪽)를 만든 후
  과육으로 즙을 낸다.

3 _ 볼에 당근라페 재료를 넣고
  버무려 10분간 둔다.

4 _ 아보카도는 손질(23쪽)한 후
  길게 2등분하고, 아몬드는 굵게 다진다.
  그릇에 모든 재료를 담고 가니시를
  올린다.

주키니크림 토마토리소토 레시피 80쪽

주키니를 생으로 먹는 것이 낯설 수 있지만 익히지 않으면
신선한 맛이 훨씬 좋으니 도전해보세요. 그래도 어색하다면
끓는 물에 살짝 데쳐서 사용해도 좋아요. 토마토는 완숙 토마토나
대추방울토마토를 사용하면 더욱 진한 맛이 납니다.

캐슈넛크림 버섯리소토 레시피 82쪽

캐슈넛을 곱게 갈아 사용하면 생크림 없이도 고소한 크림리소토를 만들 수 있어요.
비건뿐 아니라 유제품 알레르기가 있는 분들에게도 추천합니다. 간장과 메이플시럽을 넣고
노릇하게 볶은 버섯이 크림리소토의 고소한 맛과 아주 잘 어울려요.

주키니크림 토마토리소토

2~3인분 / 45~50분

- 불린 수수 1컵
  (또는 보리, 귀리, 현미, 약 200g)
- 토마토 1개(200g)
- 양파 1/3개(70g)
- 케이퍼 1큰술(10g)
- 마늘 2쪽(8g)
- 채수 2컵(22쪽, 또는 물, 400㎖)
- 크러시드페퍼 약간
  (또는 페퍼론치노 부순 것)
- 소금 1/2작은술(2g)
- 통후추 간 것 약간
- 올리브오일 약간

주키니크림
- 주키니 1/4개
  (또는 애호박, 100g)
- 사과 1/2개(100g)
- 바질 2~3장(4g)
- 두유요거트 140g
  (또는 그릭요거트, 사워크림)
- 디종 머스터드 1작은술
  (또는 홀그레인 머스터드, 5g)
- 소금 약간(1g)
- 통후추 간 것 약간

가니시
- 바질 약간(생략 가능)
- 피클 약간(생략 가능)
- 다진 파슬리 약간(생략 가능)

1 _ 수수는 20쪽을 참고해 불린다.

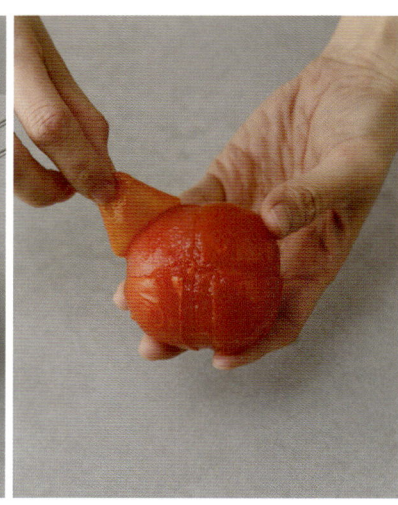

2 _ 토마토는 꼭지 반대편에
십자(+) 모양으로 칼집을 낸 후
끓는 물에 살짝 데쳐 껍질을 벗긴다.
* 딱딱한 토마토는 데치지 않고
필러로 껍질을 벗겨도 돼요.

3 _ 껍질 벗긴 토마토는
사방 1cm 크기로 썰고,
양파, 케이퍼, 마늘은 다진다.

4 _ 달군 냄비에 올리브오일, 양파,
케이퍼, 마늘을 넣고 중강 불에서
5분간 노릇하게 볶는다.

5 _ 불린 수수, 토마토를 넣고
　　센 불에서 1분간 볶는다.

6 _ 채수 1컵(200㎖)을 붓고 약한 불에서
　　국물이 없어질 때까지 끓인다.

7 _ 나머지 채수 1컵(200㎖)을 붓고
　　약한 불에서 수수가 익을 때까지
　　끓인 후 크러시드페퍼, 소금,
　　통후추 간 것을 넣는다.

8 _ 믹서에 주키니크림 재료를 모두 넣고
　　곱게 간다. 그릇에 리소토와 함께 담고
　　가니시를 올린다.
　　＊ 주키니크림은 먹기 직전에 갈아야
　　색이 더 예뻐요.

[두유요거트 만들기]
두유 130g에 레몬즙 10g을 넣고 섞는다.
마요네즈나 그릭요거트 대용으로,
허브를 다져 넣어 소스로, 빵에 발라먹는
스프레드로 활용한다.

캐슈넛크림 버섯리소토

2~3인분 / 40~50분
(+캐슈넛 불리기 1~2시간)

- 불린 현미 1과 1/2컵(약 300g)
- 캐슈넛 1컵
  (또는 흰콩, 병아리콩, 100g)
- 표고버섯 6개
  (또는 양송이버섯, 약 160g)
- 양파 1개(200g)
- 마늘 3쪽(12g)
- 완두콩 3/4컵(또는 줄기콩, 75g)
- 채수 4컵(22쪽, 또는 물, 800㎖)
- 소금 약간(1g)
- 통후추 간 것 약간
- 올리브오일 약간

양념
- 양조간장 1과 1/3큰술(20g)
- 메이플시럽 1큰술
  (또는 올리고당, 15g)
- 올리브오일 1큰술(15g)

1 _ 현미는 20쪽을 참고해 불린다.

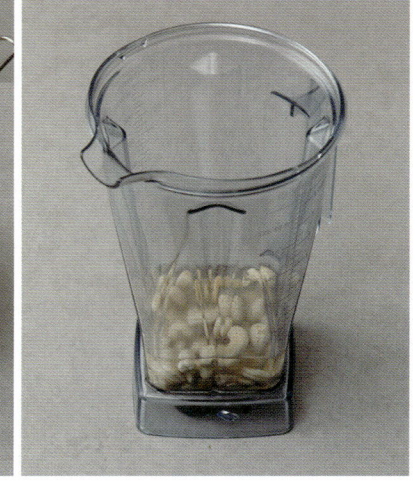

2 _ 캐슈넛은 따뜻한 물에 담가 1~2시간
불린 후 체에 밭쳐 물기를 뺀다. 믹서에
물 1컵(200㎖)과 함께 넣고 곱게 간다.
* 캐슈넛은 뜨거운 물에 10~20분간
불려도 되지만 향이 빠져나갈 수 있어요.

3 _ 표고버섯은 밑동을 떼어내고
한입 크기로 썰어
양념 재료와 버무린다.

4 _ 양파, 마늘은 다진다.

5 _ 달군 팬에 표고버섯을 넣고
센 불에서 5~7분간 노릇하게
볶은 후 덜어둔다.

6 _ 달군 냄비에 올리브오일,
양파, 마늘을 넣고
중간 불에서 5분간 볶는다.

7 _ 불린 현미, 채수 1/3 분량을 넣고
중간 불에서 끓인다. 채수가 자작해지면
1/3 분량을 더 넣은 후 약한 불에서
뚜껑을 덮고 물기가 없을 때까지 끓인다.

8 _ 남은 채수, ②의 캐슈넛, 완두콩을
넣고 되직해질 때까지 끓인다.

9 _ 소금, 통후추 간 것을 넣고 섞은 후
⑤의 표고버섯을 올린다.

토마토 현미빠에야

빠에야 초보자를 위한 가장 기본적인 토마토 빠에야예요.
불린 현미가 딱딱하게 느껴진다면 현미밥으로
시작해보세요. 더 부드럽게 즐길 수 있답니다.

4인분 / 90~100분

- 불린 현미 1과 1/2컵
  (약 300g, 또는 현미밥 2컵(350g))
- 방울토마토 16개(약 250g)
- 셀러리 10cm(20g)
- 양파 1과 1/4개(250g)
- 마늘 4쪽(16g)
- 이태리파슬리 3줄기
  (또는 다른 허브, 쪽파)
- 올리브오일 1/2컵(100㎖)
- 토마토페이스트 1큰술(25g,
  또는 토마토 스파게티 소스 2~3큰술)
- 건바질 1작은술(1g)
- 파프리카가루 1/2큰술
  (또는 고춧가루, 3g)
- 채수 2와 1/2컵
  (22쪽, 또는 물, 500㎖)

1 _ 현미는 20쪽을 참고해 불린다.

2 _ 방울토마토, 셀러리는 한입 크기로
    썰고, 양파, 마늘은 다진다.
    이태리파슬리는 줄기와 잎을 분리한다.

3 _ 달군 빠에야팬에 올리브오일,
    셀러리, 양파, 마늘, 파슬리줄기를
    넣고 중강 불에서 10분간 볶는다.

4 _ 토마토페이스트를 넣고
    중간 불에서 2분, 방울토마토,
    건바질, 파프리카가루를 넣고
    1분간 볶는다.

5 _ 채수, 불린 현미를 넣고 약한 불에서
    30~40분간 끓인 후 중간 불로 올려
    뚜껑을 덮고 밥이 팬에 눌어 붙을
    때까지 약 20분간 익힌다.
    파슬리잎을 올린다.

지중해 채소 찰현미찜밥

찜기에 쪄서 일반 밥보다 식감이 훨씬 촉촉해요.
찰밥에 양념장만 비벼 먹어도 맛있지만,
알록달록 채소를 넣고 찌면 보기에도 좋고
훨씬 균형 잡힌 맛이 난답니다.
레시피에 소개된 재료 외에 뿌리채소나
불린 나물을 넣어도 잘 어울려요.

3~4인분 / 35~40분

- 불린 현미찹쌀 1과 3/4컵(약 380g)
- 레몬 1/2개(50g)
- 토마토 1개(200g)
- 블랙 올리브 2~3개(20g)
- 마늘 2쪽(8g)
- 줄기콩 4~5개
  (또는 완두콩 2큰술, 45g)

양념장
- 다진 호두 1큰술(15g)
- 양조간장 1큰술(15g)
- 올리브오일 1큰술(15g)
- 메이플시럽 1/2작은술
  (또는 올리고당, 5g)

1 _ 현미찹쌀은 20쪽을 참고해 불린다.

2 _ 레몬은 4등분하고,
토마토는 1cm 두께로 썬다.
마늘, 올리브는 편 썬다.

3 _ 찜기에 물을 올리고 찜통에
면포(또는 찜시트)를 깐다.
불린 현미찹쌀, 토마토, 올리브,
마늘을 넣고 중약 불에서 20분,
줄기콩을 넣고 5분간 찐다.

4 _ 볼에 양념장 재료를 섞은 후
③의 현미찰밥에 넣고 섞는다.
그릇에 담고 레몬즙을 뿌려 먹는다.

가을 채소 단호박찜밥

매년 가을이 되면 잊지 않고 만들어 먹는 메뉴예요.
일반 단호박을 사용해도 되지만, 미니 단호박으로 만들면
더 귀엽답니다. 연근 슬라이스 튀김을 곁들이면
열두 배쯤 더 맛있게 먹을 수 있어요.

4~5인분 / 60~70분

- 현미밥 1과 1/4공기(약 260g)
- 단호박 1개
  (또는 미니 단호박 3개, 800g)
- 연근 지름 5cm, 길이 8cm(약 120g)
- 우엉 지름 2cm, 길이 40cm(약 120g)
- 양파 1/3개(약 60g)
- 마늘 2쪽(8g)
- 쪽파 4줄기(또는 딜, 고수)
- 채수 5컵(22쪽, 또는 물, 1ℓ)
- 올리브오일 6큰술(90g)
- 소금 1/2작은술(2~3g)
- 통후추 간 것 약간
- 연근칩 6개(생략 가능)

빵가루믹스
- 다진 바질 2장분
- 올리브오일 1큰술(15g)
- 건파슬리 1/2작은술(1g)
- 빵가루 1/2컵(30g)
- 소금 약간(1g)
- 통후추 간 것 약간

[연근칩 만들기]
1_ 연근을 필러로 껍질을 벗긴 후
모양대로 얇게 썬다.
2_ 물로 헹궈 전분기를 제거한 후
키친타월 위에 올려 물기를 뺀다.
3_ 달군 팬에 올리브오일을 넉넉히
두르고 노릇하게 구운 후
키친타월에 올려 기름기를 뺀다.

1 _ 단호박은 세로로 2등분한 후
숟가락으로 씨를 파낸다.

2 _ 연근, 우엉은 필러로 껍질을 벗긴 후
잘게 다진다.

3 _ 양파, 마늘, 쪽파는 잘게 다진다.

4 _ 냄비에 물(1컵), 단호박을 넣고
중간 불에서 15~20분간 젓가락으로
찔렀을 때 푹 들어갈 때까지 익힌다.
* 단호박에 올리브오일을 바른 후
200℃ 오븐에서 15분간 구워도 돼요.

90

5 _ 달군 냄비에 올리브오일, 양파,
마늘을 넣고 중강 불에서
볶다가 양파가 투명해지면
연근, 우엉을 넣고 5분간 볶는다.

6 _ 현미밥, 채수를 넣고 약한 불에서
물기가 없어질 때까지 20분간
끓인 후 쪽파, 소금, 통후추 간 것을
넣고 섞는다. ＊이 과정 후 오븐을
180℃로 예열해요.

7 _ 볼에 빵가루믹스 재료를 섞는다.

8 _ 종이호일을 깐 오븐용기에
단호박을 올린 후 ⑥의 밥을 채우고
그 위에 빵가루믹스를 꼭꼭 눌러가며
올린다. ＊꼭꼭 눌러야 썰 때
빵가루믹스가 떨어지지 않아요.

9 _ 180℃로 예열한 오븐에서 빵가루가
노릇해질 때까지 5~8분간 굽는다.
먹기 좋은 크기로 썰어 그릇에 담고
연근칩을 올린다.

토마토 현미밥으로
속 채운
양송이구이

'파르시'라는 서양 버섯 요리를
한국식으로 만들었어요. 유부초밥과
비슷한 느낌이지만 유부 대신 사용한
버섯의 쫀득한 식감이 더욱 돋보이는 메뉴랍니다.
들기름 대신 참기름이나 매콤한 고추기름을 사용해도 잘 어울려요.

8개분 / 35~45분

- 현미밥 2/3공기(약 130g)
- 양송이버섯 8개(또는 표고버섯, 160g)
- 토마토 1/5개(40g)
- 홍고추 1개(또는 할라피뇨)
- 소금 약간(1g)
- 통후추 간 것 약간

양념
- 양조간장 2/3큰술(10g)
- 들기름 2/3큰술
  (또는 참기름, 고추기름, 10g)
- 통후추 간 것 약간

1 _ 양송이버섯은 기둥을 떼어낸 후
　　앞뒤로 소금, 통후추 간 것을 뿌린다.
　　＊ 이 과정 후 오븐을 200℃로 예열해요.

2 _ 홍고추는 송송 썰고,
　　토마토는 굵게 다진다.

3 _ 볼에 현미밥, 토마토, 양념 재료를
　　넣고 섞는다.

4 _ 양송이버섯에 ③을 꾹꾹
　　눌러가며 넣고 홍고추를 올린다.

5 _ 오븐용기에 올리고 종이호일을
　　덮은 후 200℃로 예열한 오븐에서
　　25분간 굽는다. ＊ 호일을 덮지 않으면
　　겉면이 딱딱해져요. 달군 팬에
　　올리브오일을 두르고 약한 불에서
　　7~10분간 구워도 좋아요.

그린 라이스볼 튀김

비건 미트볼을 만들고 싶단 생각에 콩과 케일을 갈아서
볼 형태의 패티를 만들었어요. 콩은 흰콩과 병아리콩을 섞었는데,
한 종류만 사용하고 싶다면 흰콩을 병아리콩으로 대체해도 무관해요.
단, 흰콩이 반죽에 점성을 주기 때문에 되도록
함께 사용하면 만들기도 용이하고 맛도 좋답니다.

16개분 / 20~25분

- 빵가루 1컵(또는 참깨, 60g)
- 식용유 3~4컵(600~800mℓ)

그린 라이스볼
- 현미밥 약 3/4공기(150g)
- 쌈케일 16장
  (또는 시금치, 80g)
- 쪽파 1줄기(15g)
- 치아시드 2와 1/2큰술
  (또는 참깨, 40g)
- 소금 1/2큰술(5~6g)
- 올리브오일 2큰술
  (또는 참기름, 30g)
- 삶은 흰콩 약 2/5컵(70g)
- 삶은 병아리콩 약 1/3컵(50g)
- 물 1/4컵(50mℓ)
- 통후추 간 것 약간

[남은 기름 활용하기]
튀김에 사용한 기름은 체에 걸러
냉장 보관한 후 다른 요리에 사용한다.

1 _ 흰콩, 병아리콩은 20쪽을 참고해
     불린 후 삶는다.

2 _ 푸드프로세서에 그린 라이스볼 재료를
     넣고 곱게 간다.

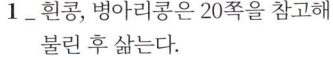

3 _ 한덩어리로 뭉친 후 35g씩
     16등분한다. 동그랗게 빚어
     빵가루를 골고루 묻힌다.

4 _ 냄비에 식용유를 넣고 170℃(빵가루를
     넣었을 때 바로 떠오르는 정도)로 끓인다.
     그린 라이스볼을 넣고 중약 불에서
     1~2분간 노릇하게 튀긴 후 체에 밭쳐
     기름기를 뺀다. * 반죽이 모두 익은
     재료이기 때문에 겉면만 노릇해지면
     건져요.

Part 5

면
요리

입맛 없는 날엔 국수만 한 것이 없죠. 하지만 면 요리의 대부분인 밀가루 국수는
먹고 나면 속도 더부룩하고 자주 먹으면 건강에도 좋지 않아요.
이번 파트에서는 홀그레인 면과 채소를 듬뿍 넣어 만든 조금 더 건강한
면 요리를 소개합니다. 비빔국수, 파스타, 중화면까지 입맛에 맞게 골라보세요.

버미셀리 스프링롤

버미셀리는 녹두로 만든 글루텐프리 국수예요. 칼로리도 낮고 삶기도 쉬워서
자주 애용하는 식재료인데, 특히 스프링롤에 더하면 포만감도 좋고 아주 잘 어울려요.
속재료는 금귤이나 딸기, 포도 등의 과일을 활용해도 좋습니다.

12개분 / 25~35분

- 버미셀리 1과 1/2줌
  (또는 쌀국수, 소면, 약 80g)
- 라이스페이퍼 지름 18cm 이상
  12장(원형 또는 사각형)
- 잎채소 24장(상추, 케일, 깻잎 등)
- 오이 1개(200g)
- 파프리카 1/2개(100g)
- 방울토마토 10개(150g)
- 양송이버섯 3~4개(80g)
- 아보카도 1개(200g)
- 검은깨 약간(또는 참깨)

땅콩소스
- 생수 1큰술(15g)
- 양조간장 2/3큰술(10g)
- 땅콩버터 2와 1/2큰술(50g)
- 메이플시럽 1큰술(15g)
- 통후추 간 것 약간

[보관하기]
스프링롤은 시간이 지나면
딱딱해지므로 한 번에 먹는 것이 좋다.
그래도 남는다면 냉장실에 보관하고,
먹을 때는 팬에 올리브오일을 두른 후
살짝 굽는다.

1 _ 버미셀리는 찬물에 담가
10분간 불린 후
끓는 물에 5~7분간 삶아
체에 밭쳐 물기를 뺀다.

2 _ 오이, 파프리카는 5cm 길이로 채 썰고,
양송이버섯, 방울토마토는 얇게 썬다.
아보카도는 손질(23쪽)한 후
모양대로 썰어 검은깨를 뿌린다.

3 _ 따뜻한 물에 라이스페이퍼를 담갔다
뺀 후 잎채소를 2장씩 올리고 그 위에
오이, 버미셀리, 파프리카를 올린다.
* 라이스페이퍼가 작다면 2장을
이어서 사용해요.

4 _ 방울토마토, 양송이버섯, 아보카도를
취향대로 올린 후 돌돌 만다.
그릇에 담고 땅콩소스를 곁들인다.

[재료 알기] 버미셀리
녹두로 만든 가는 국수. 대형마트나
온라인몰에서 구입할 수 있다.

양배추 현미국수전

채소전에 국수와 낱알이 작은 곡물을 더하면 씹는 맛이 생겨
색다르게 즐길 수 있어요 현미국수 대신 메밀국수나 파스타면을 잘라서
사용해도 좋고, 옥수수알 대신 완두콩을 넣어도 색감이 예쁘답니다.

100

14개분 / 25~30분

- 현미국수 1줌(또는 메밀국수, 스파게티, 70g)
- 아마란스 1/5컵(또는 조, 기장, 50g)
- 옥수수알 1/2컵(또는 완두콩, 70g)
- 양배추 7장(손바닥 크기, 200g)
- 홍고추 1~2개
- 부침가루 3~4큰술(35g)
- 참기름 1큰술(15g)
- 소금 1/2작은술(2~3g)
- 통후추 간 것 약간
- 올리브오일 2~3큰술

양념장
- 양조간장 1큰술(15g)
- 레몬즙 1큰술(15g)

1 _ 양배추는 얇게 채 썰고,
홍고추는 다진다.
현미국수는 손으로 4등분한다.

2 _ 냄비에 물(4컵)을 넣고 끓어오르면
현미국수, 아마란스를 넣어
중강 불에서 8분간 삶은 후 체에 밭쳐
물기를 뺀다.

3 _ 볼에 현미국수, 아마란스, 옥수수알,
양배추, 홍고추, 부침가루,
참기름, 소금, 통후추 간 것을 넣고
젓가락으로 살살 섞는다.

4 _ 달군 팬에 올리브오일을 두르고
③의 반죽을 먹기 좋은 크기로
떠 올린다.

5 _ 중간 불에서 2~3분간 익힌 후
뒤집어가며 노릇하게 익힌다.
그릇에 담고 양념장을 곁들인다.

렌틸 샐러드파스타

토마토, 삶은 달걀, 올리브 등을 넣고 만드는 프랑스 니스 지역의
대표 음식인 '니수아즈 샐러드'. 삶은 달걀 대신 감자를 사용해 만들었어요.
재료의 올리브와 케이퍼가 맛을 잡아주는 역할을 하기 때문에 꼭 넣기를 권합니다.
여기에 홀그레인 머스타드 1큰술을 추가해도 별미예요.

[재료 알기] 렌틸 펜네
렌틸과 현미로 만든 글루텐프리 파스타.
백화점, 온라인몰에서 구입할 수 있다.

2~3인분 / 25~30분

- 렌틸 펜네 3컵(또는 다른 숏파스타,
  약 200g)
- 감자 약 1개(170g)
- 토마토 1개(180g)
- 줄기콩 6~7개(60g)
- 올리브 4~5개(블랙 또는 그린, 40g)
- 케이퍼 2큰술(20g)
- 올리브오일 2와 2/3큰술(40g)
- 소금 1작은술(4~5g)
- 통후추 간 것 약간

1 _ 냄비에 물(7컵) + 굵은 소금(1큰술)을
　　넣고 끓어오르면 렌틸 펜네를 넣고
　　포장지에 적혀 있는 시간대로
　　삶은 후 체에 밭쳐 물기를 뺀다.
　　이때 면수 1컵을 덜어둔다.

2 _ 토마트는 껍질을 벗긴(80쪽) 후
　　사방 1cm 크기로 썰고,
　　줄기콩은 5cm 길이로 어슷 썬다.
　　올리브는 모양대로 얇게 썬다.

3 _ 끓는 물에 줄기콩을 넣고
　　10~20초간 살짝 데친 후 체로 건져
　　찬물에 헹군 후 물기를 뺀다.
　　이때 물은 계속 끓인다.

4 _ ③의 끓는 물에 감자를 넣고
　　젓가락으로 찔렀을 때
　　푹 들어갈 때까지 중간 불에서
　　5~10분간 익힌다.

5 _ 볼에 감자를 넣고 포크로 으깬 후
　　나머지 모든 재료를 넣고 섞는다.
　　* 너무 되직할 경우 덜어둔 면수를
　　조금씩 넣어가며 섞어요.

아스파라거스 간장스파게티 레시피 106쪽

초록 초록한 재료가 봄 느낌을 물씬 풍기는 파스타예요. 재료의 맛이 잘 느껴질 수 있도록
간장 소스로 담백하게 맛을 냈습니다. 아스파라거스와 완두콩 대신 계절에 맞는 채소를 넣으면
사계절 내내 다른 느낌으로 즐길 수 있어요.

두부소스 로제파스타 레시피 108쪽

캐슈넛과 연두부를 갈아 만든 고소한 비건 크림 소스에 토마토페이스트를 더하면
집에서도 손쉽게 로제파스타를 만들 수 있습니다. 롱파스타보다는 숏파스타를 사용해
소스와 함께 떠먹으면 더 맛있어요.

아스파라거스 간장스파게티

2~3인분 / 25~30분

- 글루텐프리 스파게티
  (또는 다른 파스타, 200g)
- 아스파라거스 7개(140g)
- 완두콩 1/2컵(또는 다른 콩, 50g)
- 팽이버섯 2줌(또는 다른 버섯, 120g)
- 시금치 1줌(50g)
- 양파 1/2개(100g)
- 마늘 3쪽(12g)
- 올리브오일 2큰술(30g)
- 크러시드페퍼 약간
  (또는 페퍼론치노 부순 것)

메이플 생강 간장소스
- 생강즙 2/3큰술(22쪽, 10g)
- 메이플시럽 2큰술(30g)
- 참기름 2/3큰술(10g)
- 양조간장 1/3컵(약70g)
- 물 1/5컵(40㎖)

1 _ 끓는 물에 완두콩을 넣고
5분간 삶은 후 체에 밭쳐
물기를 뺀다. * 익히는 시간은
완두콩 크기에 따라 가감해요.

2 _ 냄비에 물(7컵) + 굵은 소금(1큰술)을
넣고 끓어오르면 스파게티를 넣고
포장지에 적혀 있는 시간대로 삶은 후
체에 밭쳐 물기를 뺀다.

3 _ 볼에 메이플 생강 간장소스 재료를
섞는다. 양파는 채 썰고, 마늘은
편 썬다.

4 _ 아스파라거스는 손질(23쪽)한 후
2~3cm 길이로 어슷 썬다.

[재료 알기] 글루텐프리 스파게티
옥수수, 현미 등으로 만든 스파게티.
백화점, 온라인몰에서 구입할 수 있다.

5 _ 팽이버섯은 2등분하고,
시금치는 팽이버섯과
같은 길이로 썬다.

6 _ 달군 팬에 올리브오일, 양파,
마늘, 크러시드페퍼를 넣고
센 불에서 3분간 볶는다.

7 _ 아스파라거스를 넣고 1분간
볶은 후 메이플 생강 간장소스를
넣고 섞는다.

8 _ 스파게티, 삶은 완두콩, 팽이버섯,
시금치를 넣고 센 불에서 1분간 볶는다.

두부소스 로제파스타

2~3인분 / 30~35분

- 글루텐프리 푸실리 3컵
  (또는 다른 숏파스타, 떡볶이떡, 200g)
- 양송이버섯 3~4개(75g)
- 양파 1/2개(100g)
- 마늘 4쪽(16g)
- 타임 2~3줄기(생략 가능)
- 화이트와인 1/2컵(100㎖, 생략 가능)
- 올리브오일 3큰술(45g)
- 토마토페이스트 2큰술(또는
  토마토 스파게티 소스 2큰술, 30g)
- 소금 약간(1g)
- 통후추 간 것 약간
- 다진 파슬리 약간(또는 건파슬리)

캐슈넛 두부소스
- 연두부 90g
- 소금 2작은술(8g)
- 캐슈넛 1컵(100g)
- 채수 2컵(22쪽, 또는 물, 400㎖)
- 통후추 간 것 약간

1 _ 냄비에 물(7컵) + 굵은 소금(1큰술)을
넣고 끓어오르면 푸실리를 넣고
포장지에 적혀 있는 시간대로 삶은 후
체에 밭쳐 물기를 뺀다.

2 _ 믹서에 캐슈넛 두부소스 재료를 넣고
곱게 간다.
* 캐슈넛을 미지근한 물에 30분간
불렸다가 갈면 더 부드러워요.

3 _ 양송이버섯은 모양대로 얇게 썬다.
양파는 채 썰고, 마늘은 편 썬다.

4 _ 달군 팬에 올리브오일, 양파, 마늘을
넣고 센 불에서 5분간 볶는다.

[재료 알기] 글루텐프리 푸실리
옥수수, 현미 등으로 만든 숏파스타.
백화점, 온라인몰에서 구입할 수 있다.

5 _ 양송이버섯, 타임을 넣고
3분간 노릇하게 볶는다.

6 _ 화이트와인을 넣고 센 불에서
1~2분간 끓인다.

- -

7 _ 토마토페이스트, 소금, 통후추
간 것을 넣고 섞는다.

8 _ 푸실리, 캐슈넛 두부소스를 넣고
중간 불에서 1~2분간 볶은 후 소금으로
부족한 간을 맞춘다. 그릇에 담고
다진 파슬리를 뿌린다.
* 소스를 넣고 오래 끓이면 뻑뻑해지므로
버무리는 정도로만 볶아요.

피칸 올리브 오일파스타

얇은 스파게티인 카펠리니는 엔젤헤어라고도 불리는데, 소면과 비슷해서 양식은 물론 한식에도 잘 어울려요.
다른 양념 없이 올리브오일을 넉넉히 두르고 채소만 볶아 파스타를 만들어도 깔끔한 맛이 일품이랍니다.

2~3인분 / 20~25분

- 카펠리니 3줌
  (또는 스파게티, 소면, 200g)
- 방울양배추 5개(100g)
- 대파 흰 부분 25cm(100g)
- 마늘 4쪽(16g)
- 방울토마토 4개(60g)
- 올리브 4~5개(그린 또는 블랙, 40g)
- 피칸 4큰술(또는 다른 견과류, 40g)
- 로즈마리 1줄기
- 크러시드페퍼 1/2작은술
  (또는 페페론치노 부순 것)
- 소금 2작은술(약 8~10g)
- 통후추 간 것 약간
- 올리브오일 1/2컵(100mℓ)
- 채수 1/2컵(22쪽, 또는 물, 100mℓ)

1 _ 냄비에 물(7컵) + 굵은 소금(1큰술)을
넣고 끓어오르면 카펠리니를 넣고
포장지에 적혀 있는 시간대로 삶은 후
체에 밭쳐 물기를 뺀다.

2 _ 방울양배추는 4등분한다.
대파는 5cm 길이로 썬 후 채 썰고,
마늘은 편 썬다. 방울토마토,
피칸, 올리브는 2등분한다.

3 _ 달군 팬에 올리브오일, 대파를 넣고
센 불에서 3분, 방울양배추를 넣고
1분간 노릇하게 볶는다.

4 _ 올리브, 마늘, 로즈마리, 크러시드페퍼,
소금, 통후추 간 것, 채수를 넣고
섞은 후 카펠리니를 넣고 섞는다.
그릇에 담고 방울토마토, 피칸을 올린다.
* 너무 되직한 경우 채수(또는 물)를
조금씩 넣어가며 섞어요.

[재료 알기] 카펠리니
스파게티보다 가는 굵기의 파스타.
대형마트나 온라인몰에서 구입할 수 있다.

템페 소보로 탄탄비빔면

템페를 이용한 요리는 다 맛있지만 특히 소스에 더했을 때 참 잘 어울려요.
굵게 다져서 간장으로 양념하면 짜장면이나 탄탄면 같은 중화풍 소스가 돼서
아이들도 잘 먹는답니다. 밥에 올려 덮밥으로 즐겨도 맛있어요.

2~3인분 / 20~25분

- 중화면 2줌(또는 우동면, 300g)
- 청경채 2개(80g)
- 템페 1/2봉(100g)
- 표고버섯 2~3개(60g)
- 양파 1/6개(30g)
- 대파 12cm(50g)
- 부추 1줄기
- 올리브오일 3큰술(45g)
- 다진 생강 1작은술(5g)
- 다진 마늘 2작은술(10g)
- 고춧가루 1작은술(5g)
- 양조간장 3큰술(45g)
- 메이플시럽 1큰술(15g)
- 고추기름 약간

양념
- 국간장 1큰술(15g)
- 고추기름 1큰술(15g)

1 _ 청경채는 길게 4등분한다.
템페, 표고버섯, 양파, 대파는 다지고,
부추는 송송 썬다. 냄비에 물(5컵)을
넣고 끓어오르면 청경채를 넣고
10초간 데친 후 건져낸다.

2 _ ①의 끓는 물에 중화면을 넣고
포장지에 적혀 있는 시간대로 삶은 후
찬물에 헹군다. 체에 밭쳐 물기를 뺀 후
양념 재료를 넣고 버무린다.

3 _ 달군 팬에 올리브오일, 대파, 양파,
다진 생강, 다진 마늘을 넣고
센 불에서 3분간 볶은 후 고춧가루를
넣고 섞는다. 템페, 표고버섯을 넣고
1분간 볶는다.

4 _ 양조간장, 메이플시럽을 넣고
센 불에서 물기가 없을 때까지 볶는다.
그릇에 중화면을 담고 청경채와 함께
올린 후 부추, 고추기름 약간을 뿌린다.

[재료 알기] 중화면
짜장면, 짬뽕 등 중국 요리에
주로 사용한다. 대형마트나
온라인몰에서 구입할 수 있다.

[재료 알기] 템페 61쪽

슈퍼푸드 두부구이와 비빔 메밀국수

메밀국수를 좋아하는데, 항상 메뉴가 한정적이라 아쉬웠어요.
색다르게 먹을 수 있는 방법이 없을까 고민하다가 고소한
비빔국수 버전으로 만들었습니다. 여기에 슈퍼푸드 옷을 입힌
두부구이를 더해 영양도 맛도 살렸어요.

2~3인분 / 25~35분

- 메밀국수 2줌(200g)
- 두부 1모(300g)
- 오이 1/4개(50g)
- 홍고추 1개
- 전분물(물 2큰술 + 전분 2큰술)
- 올리브오일 2~3큰술(30~45g)
- 참기름 약간

치아시드 믹스
- 치아시드 3큰술
  (또는 참깨, 검은깨, 20g)
- 참깨 2큰술(15g)
- 검은깨 2큰술(15g)
- 소금 1/2작은술(2g)
- 빵가루 1/3컵(20g)
- 통후추 간 것 약간

참깨 잣소스
- 참깨 3큰술(30g)
- 잣 1큰술(또는 호두, 10g)
- 소금 1작은술(4g)
- 두유 1/5컵(40g)
- 생강청 1/5컵(40g)
- 통후추 간 것 약간

[생강청 대체하기]
생강청이 없다면 메이플시럽 20g과
생강즙(22쪽) 20g을 섞어 대치한다.

1 _ 두부는 1×1×5cm 크기의
막대 모양으로 썬 후
키친타월로 눌러 물기를 제거한다.

2 _ 오이는 얇게 썰고,
홍고추는 송송 썬다.

3 _ 2개의 볼에 각각 전분물,
치아시드 믹스를 섞는 후
두부에 전분물 → 치아시드 믹스
순으로 골고루 묻힌다.

4 _ 달군 팬에 올리브오일을 두르고
두부를 넣어 중간 불에서
각 면당 1~2분씩 노릇하게 굽는다.

5 _ 냄비에 물(7컵)을 넣고 끓어오르면
메밀국수를 넣고 포장지에
적혀 있는 시간대로 삶는다.

6 _ 찬물에 헹군 후 체에 밭쳐
물기를 뺀다.

7 _ 믹서에 참깨 잣소스 재료를 넣고
곱게 간다.

8 _ 메밀국수에 참깨 잣소스를 넣어
버무린 후 그릇에 담는다. 두부, 오이,
홍고추를 올리고 참기름을 뿌린다.

[재료 알기] 메밀국수
메밀가루로 만들어 글루텐 함량이
낮다. 대형마트나 온라인몰에서
구입할 수 있다.

Part 6

빵
요리

채식을 시작한 후 가장 걸림돌이 되는 음식 중 하나가 바로
빵이 아닐까 싶어요. 이 파트에서 소개하는 빵 요리는 우유, 버터, 달걀 없이
만들어 마음 놓고 먹을 수 있답니다. 비건 베이킹, 한 끼 식사로 좋은
샌드위치, 햄버거까지 다양한 빵 요리를 만나보세요.

메밀와플

한동안 와플에 빠져 여러 가지 채소를 넣고 반죽을 만든 적이 있어요.
이것저것 만들어본 결과, 역시 가장 심플한 게 제일이더라고요.
메밀가루와 통밀가루의 구수한 맛 덕분에 토핑 없이 먹어도 맛있어요.

6개분 / 10~15분

- 바나나 1/2개(70g)
- 황설탕 40g
- 두유 160g
- 토핑용 과일 1컵
  (딸기, 블루베리, 바나나 등)
- 메이플시럽 약간(생략 가능)

가루류
- 메밀가루 60g
- 통밀가루 60g
- 베이킹파우더 4g
- 시나몬가루 1g

[보관하기]
먹고 남은 와플은 한 개씩 밀봉해서
냉장(3일) 또는 냉동 보관(4주)한다.
실온에서 해동한 후 오븐 또는
에어프라이어 180℃에서 5~7분간
굽는다.

[팬케이크로 만들기]
달군 팬에 식용유를 두르고 반죽을 올려
적당한 크기로 펼친 후 노릇하게 굽는다.

1 _ 볼에 바나나를 넣고
포크로 곱게 으깬 후
황설탕, 두유를 넣고 섞는다.

2 _ 가루류를 넣고 잘 섞는다.

3 _ 와플기에 반죽을 60g씩 넣고
노릇하게 익힌 후 식힘망에 올려
식힌다. 그릇에 담고 기호에 따라
과일, 메이플시럽 등을 올린다.

구운 채소 오픈샌드위치

호밀빵은 식감이 거칠고 특유의 향이 있어서
단독으로 먹는 것보다 샐러드 또는 채소와
함께 먹는 것이 더 맛있어요. 특히 이 메뉴는
호밀빵과 채소 사이에 아보카도 소스를 발라
더욱 부드럽게 먹을 수 있답니다. 향긋하게 즐기고 싶다면
아보카도 소스에 레몬제스트를 넣어보세요.

3~4개분 / 15~25분

- 호밀빵 3~4조각(또는 바게트)
- 방울토마토 4개
  (또는 방울양배추, 래디시, 60g)
- 연근 지름 5cm, 길이 2cm(또는
  주키니, 브로콜리, 콜리플라워, 30g)
- 양송이버섯 3개(또는 표고버섯, 60g)
- 줄기콩 3개(또는 아스파라거스, 30g)
- 루꼴라 2장(또는 시금치, 케일)
- 올리브오일 약간

아보카도 허브소스
- 아보카도 1개(200g)
- 다진 허브 1줄기(딜, 바질 등)
- 다진 양파 1큰술(15g)
- 레몬청 1큰술
  (69쪽, 또는 메이플시럽, 15g)
- 소금 약간(1g)
- 통후추 간 것 약간

1 _ 연근은 필러로 껍질을 벗긴 후
　 얇게 썰고, 양송이버섯은 4등분한다.
　 줄기콩은 5cm 길이로 어슷 썬다.

2 _ 아보카도는 손질(23쪽)한 후
　 볼에 넣고 포크로 으깬 다음
　 나머지 아보카도 허브소스 재료와
　 섞는다.

3 _ 호밀빵은 기름을 두르지 않은 팬이나
　 토스터기에 노릇하게 굽는다.

4 _ 달군 팬에 올리브오일, 방울토마토,
　 연근, 양송이버섯, 줄기콩을 넣고
　 센 불에서 2~3분간 노릇하게 볶는다.

5 _ 호밀빵에 아보카도 허브소스를
　 바르고 루꼴라를 올린 후
　 ④의 구운 채소를 올린다.

브로콜리 페스토와 과일 브루스케타

브로콜리 페스토는 흔히 갈려진 바질 페스토보다 재료 접근성도 좋고 맛도 좋아서
자주 만드는 소스예요. 빵 위에 두툼하게 발라 과일을 올리면 손님 초대 요리로도 손색없답니다.
페스토는 숏파스타와 버무려 파스타로 즐겨도 좋아요.

6개분 / 20~25분

- 바게트 6쪽(또는 호밀빵)
- 토핑용 과일 적당량
- 올리브오일 약간 + 1/2컵(100g)
- 소금 1작은술(4~6g)
- 통후추 간 것 약간

브로콜리 페스토
- 브로콜리 1개(송이 부분, 240g)
- 마늘 6쪽(24g)
- 레몬 1개
  (제스트 1개분 + 레몬즙 2/3큰술)
- 루꼴라 1/2줌(또는 케일, 20g)
- 아몬드 5큰술(약 55g)

[토핑 즐기기]
과일에 허브, 견과를 조합하면
더 맛있게 즐길 수 있다.
딸기+딜, 무화과+민트,
사과+아몬드+꿀 조합을 추천한다.

1 _ 브로콜리는 한입 크기로 썰고
마늘은 2~3등분한다.
레몬은 제스트(22쪽)를 만든 후
과육으로 즙을 낸다.

2 _ 달군 팬에 올리브오일 약간, 브로콜리,
마늘을 넣고 중간 불에서 5분간
노릇하게 볶는다.

3 _ 푸드프로세서에 브로콜리 페스토
재료를 넣고 곱게 간다.

4 _ 올리브오일 1/2컵, 소금, 통후추
간 것을 넣고 다시 곱게 간다.

5 _ 바게트에 브로콜리 페스토를 바르고
과일 토핑을 올린다.

렌틸 양파구이 샌드위치

렌틸이 가진 특유의 향은 양파, 비트, 당근 같은 뿌리채소의 풍미와 잘 어울려요. 렌틸은 껍질이 있는 갈색렌틸이나 검정렌틸을 사용해야 형태와 식감 유지에 좋고, 녹두로도 대체 가능합니다. 빵에 잎채소를 먼저 올리면 눅눅해지는 것을 막을 수 있어요.

8~10개분 / 50~60분

- 플랫브레드 8~10개
  (또는 치아바타, 또띠아)
- 삶은 렌틸 약 3/5컵(또는 녹두, 100g)
- 루꼴라 3~4장(또는 다른 잎채소)
- 양파 2개(400g)
- 블랙 올리브 5개(50g)
- 로즈마리 2~3줄기
- 발사믹식초 약간
- 올리브오일 약간

발사믹 오리엔탈 소스
- 양조간장 1과 2/3큰술(25g)
- 발사믹식초 4큰술(60g)
- 메이플시럽 1큰술(15g)
- 올리브오일 4큰술(60g)
- 소금 약간(1g)
- 통후추 간 것 약간

[보관하기]
남은 속재료는 냉장 보관(7일)한다.

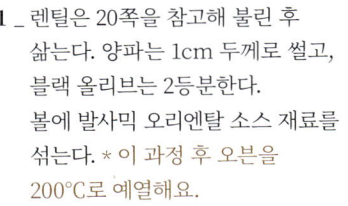

1 _ 렌틸은 20쪽을 참고해 불린 후
 삶는다. 양파는 1cm 두께로 썰고,
 블랙 올리브는 2등분한다.
 볼에 발사믹 오리엔탈 소스 재료를
 섞는다. * 이 과정 후 오븐을
 200℃로 예열해요.

2 _ 오븐용기에 삶은 렌틸, 양파,
 블랙 올리브, 로즈마리,
 발사믹 오리엔탈 소스를 넣고 섞는다.

3 _ 200℃로 예열한 오븐에서
 호일을 덮어 20분, 호일을 벗기고
 20분간 굽는다.

4 _ 플랫브레드에 루꼴라를 올린 후
 ③을 올린다. 기호에 따라 발사믹식초,
 올리브오일을 더 뿌린다.

흰콩 토마토 핫도그

흰콩은 익히면 끈적이는 성질이 있어
먹기에 다소 생소할 수 있는데, 그 점성 덕분에
소스로 만들기에 적합해그. 이 소스는 빵에 올려 먹는
것 외에도 밥이나 면에 곁들여도 맛있습니다.
새콤한 맛을 좋아한다면 과정 ④에서 메이플시럽과
함께 레몬즙 1큰술을 추가하세요.

4개분 / 35~40분

- 핫도그빵 4개(또는 치아바타)
- 삶은 흰콩 약 2와 1/4컵
  (또는 다른 콩, 370g)
- 로메인 16장(또는 상추)
- 양파 1/2개(100g)
- 피망 1/2개(50g)
- 방울토마토 8개(120g)
- 물 1컵(200㎖)
- 토마토페이스트 4큰술(60g)
- 소금 약간(1g)
- 올리브오일 약간
- 크러시드페퍼 1/2작은술
  (또는 페퍼론치노 부순 것, 2g)
- 메이플시럽 1큰술(15g)
- 다진 파슬리 약간
  (또는 고수, 생략 가능)

1 _ 흰콩은 20쪽을 참고해 불린 후 삶는다. 양파, 피망, 방울토마토는 굵게 다진다.

2 _ 핫도그빵은 길게 칼집을 낸 후 펼친다. 빵 안쪽에 올리브오일을 바르고 달군 팬에 올려 살짝 구운 후 덜어둔다.

3 _ 달군 팬에 올리브오일, 방울토마토, 양파, 피망을 넣고 센 불에서 5분간 볶은 후 물, 토마토페이스트, 소금을 넣고 중간 불에서 10분간 끓인다.

4 _ 삶은 흰콩, 크러시드페퍼를 넣고 약한 불에서 뚜껑을 덮고 5분간 끓인다. 메이플시럽을 넣고 섞은 후 바로 불을 끈다.

5 _ 핫도그빵에 로메인을 4장씩 끼우고 ④를 나눠 올린 후 다진 파슬리를 뿌린다.

피자 아코디언 브레드

아이들이 특히 좋아하는 일명 '피자빵'입니다. 겹겹이 페스츄리처럼 만들어
씹는 맛도 좋고 보기에도 더 먹음직스러워요.
머핀 유산지를 사용해 포장하면 선물로도 좋답니다.

8개분 / 40~50분(+발효하기 35분~125분)

- 올리브오일 23g
- 건바질 1작은술
- 건오레가노 1작은술

반죽
- 통밀가루 240g
- 드라이이스트 3g
- 설탕 12g
- 소금 4g
- 물 150g

토핑
- 시판 토마토소스 6~7큰술(100g)
- 올리브 7~8개(그린 또는 블랙, 70g)
- 피클 4~5개(30g)
- 적양파 슬라이스 약간
  (또는 양파, 샬롯)
- 바질 12장

[보관하기]
완성한 피자 아코디언 브레드는
실온 보관(1일) 또는 랩으로 하나씩
감싸거나 밀폐용기에 담아
냉동 보관(2~3개월)한 후 실온에서
해동한다.

1 _ 볼에 반죽 재료를 넣고
　　대강의 한 덩어리로 뭉친다.

2 _ 핸드믹서 저속으로 1~2분,
　　올리브오일을 넣고 중속으로 올려
　　4~5분간 반죽한다.

　　* 손으로 반죽할 경우 반죽이 매끈해질
　　때까지 10분 정도 반죽해요.

3 _ 건바질, 건오레가노를 넣고
　　둥글게 반죽한다.

4 _ 반죽을 볼에 담고 젖은 면포를 덮어
　　실온에서 1차 발효(여름 50분,
　　겨울 80분)한다.

5 _ 반죽을 둥글린 후 젖은 면포를 덮어
실온에서 5~10분간 중간 발효한다.

6 _ 밀대로 밀어 25×30cm 크기로 편다.

7 _ 토마토소스를 바르고
나머지 토핑 재료를 올린다.

8 _ 사진과 같이 가로로 5등분한 후
세로로 4등분해 전체 20등분한다.

9 _ 사진과 같이 2~3장씩 어긋나게
겹친 후 지름 5cm 머핀틀에 넣는다.
* 떨어진 토핑은 반죽 사이사이에
끼워 넣어요. 이 과정 후 오븐을
180℃로 예열해요.

10 _ 젖은 면포를 덮어 실온에서
30~35분간 2차 발효한 후
180℃로 예열한 오븐에서
10~15분간 굽는다.

병아리콩 패티 버거

비건 버거를 위해 다양한 채스 패티를 테스트해본 결과 이 병아리콩 패티가 가장 잘 어울렸어요.
패티에 더한 은은한 카레향이 독특한 느낌을 주는데, 카레가루 외에 파프리카가루, 가람마살라,
케이준파우더 등 좋아하는 향신료로 대체하거나 더해도 좋습니다.

4개분 / 30~40분

- 햄버거빵 4개
- 치커리 8장(또는 상추)
- 양파 1개(200g)
- 토마토 1개(200g)
- 비건 슬라이스치즈 4장
- 빵가루 1컵(60g)
- 올리브오일 2큰술 + 2큰술
- 소금 약간
- 통후추 간 것 약간

커리 머스터드 소스
- 홀그레인 머스터드 약 3큰술
  (또는 디종 머스터드, 50g)
- 메이플시럽 약 3큰술(50g)
- 카레가루 약간(1g)

병아리콩 패티
- 삶은 병아리콩 약 1과 3/4컵(280g)
- 통밀가루 2큰술(30g)
- 참깨 1큰술(7g)
- 카레가루 1큰술(6g)
- 물 4큰술
- 올리브오일 1큰술
- 소금 1작은술(4~6g)
- 통후추 간 것 약간

[보관하기]
과정 ⑤까지 진행한 후 패티를
냉동 보관(3개월)한다. 해동 없이
달군 팬에 올리브오일을 두르고
패티를 넣은 후 약한 불에서 두껑을 덮고
5~7분간 뒤집어가며 익힌다.

1 _ 병아리콩은 20쪽을 참고해 불린 후
삶는다. 양파, 토마토는 모양대로
1cm 두께로 썬 후 토마토에
소금, 통후추 간 것을 뿌린다.

2 _ 볼에 커리 머스터드 소스 재료를 섞는다.

3 _ 푸드프로세서에 병아리콩 패티
재료를 넣고 곱게 간다.
* 물은 한 번에 넣지 말고 조금씩 나눠
넣으면서 농도를 조절해요.

4 _ 패티를 4등분한 후 햄버거빵과 비슷한
크기의 둥글납작한 모양으로 빚는다.

5 _ 패티에 빵가루를 골고루 묻힌다.

6 _ 햄버거빵을 반으로 가른 후 기름을 두르지 않은 팬에 노릇하게 굽는다.

7 _ 달군 팬에 올리브오일 2큰술을 두르고 양파를 올려 센 불에서 3분간 앞뒤로 노릇하게 구운 후 덜어둔다.

8 _ 달군 팬에 올리브오일 2큰술을 두르고 패티를 올려 중간 불에서 5분간 앞뒤로 노릇하게 구운 후 슬라이스치즈를 올린다.

* 구운 패티에 슬라이스치즈를 올리면 치즈를 따뜻하게 데울 수 있어요.

9 _ 햄버거빵 안쪽에 커리 머스터드 소스를 바른 후 치커리 2장 → 패티와 치즈 → 양파 → 소스 1작은술 → 토마토 → 햄버거빵 순서로 쌓는다.

[재료 알기] 비건 슬라이스치즈
유제품을 사용하지 않고 만든
비건용 치즈. 바이오라이프(violife)
사의 제품을 주로 사용하며,
온라인몰에서 구입할 수 있다.

Part 7

그라탱과
일품
채소 요리

아직까지 많은 분들이 채소 요리는 메인 요리로
아쉽다고 생각해요. 그 편견을 깨기 위해 만든 레시피입니다.
고기나 해산물 없이 채소만으로 빛나는 식탁을 완성해줄
아홉 가지 일품 채소 요리를 소개합니다.

아몬드 마늘소스 감자그라탱

감자와 방울토마토를 고소한 아몬드 마늘소스로 코팅해서 구웠어요.
구운 레몬은 기호에 따라 그대로 두거나 뿌려 먹으면 되는데,
탄수화물 요리에 레몬을 더하면 소화를 돕기 때문에 적극 추천하는 방법이에요.

3~4인분 / 30~40분

- 감자 2~3개(400g)
- 방울토마토 25개(약 400g)
- 레몬 1개
- 마늘 5쪽(20g)
- 줄기콩 3~4개
  (또는 아스파라거스, 40g)

아몬드 마늘소스
- 아몬드 2/3컵(또는 다른 견과류, 80g)
- 홍고추 1개(20g)
- 마늘 2쪽(8g)
- 물 3/4컵(150㎖)
- 소금 1/2작은술(2~3g)
- 통후추 간 것 약간

[팬 사용하기]
과정 ③까지 진행한 후
달군 팬에 넣고 중간 불에서 10~15분,
줄기콩을 넣고 3분간 볶는다.

1 _ 푸드프로세서에 아몬드를 넣고
    간 후 나머지 아몬드 마늘소스 재료를
    넣어 곱게 간다. * 이 과정 후 오븐을
    200℃로 예열해요.

2 _ 감자는 0.5cm 두께로 썰고,
    레몬, 마늘, 줄기콩은 한입 크기로 썬다.

3 _ 볼에 감자, 방울토마토, 레몬,
    마늘, ①의 아몬드 마늘소스를
    넣고 버무린다.

4 _ 오븐용기에 올리브오일(약간)을
    바른 후 ③을 넣고 200℃로 예열한
    오븐에서 15분, 줄기콩을 넣고
    5분간 더 익힌다.

브로콜리 크럼블 귀리그라탱

그라탱 요리에 치즈는 필수? No!
치즈 대신 빵가루를, 그냥 빵가루 대신 브로콜리 크럼블을 사용하면
멋진 채소 요리에 한 발짝 더 가까워질 수 있어요.
브로콜리 크럼블에 레몬저스트 1큰술을 추가해도 별미랍니다.

4~5인분 / 30~35분

- 삶은 귀리 약 2컵(310g)
- 양송이버섯 10개(200g)
- 양파 1/2개(100g)
- 파프리카 1/2개(100g)
- 토마토퓨레 약 2컵(또는
  토마토 스파게티 소스, 380g)
- 소금 1/2작은술(2~3g) + 약간
- 올리브오일 2큰술(30g) + 약간
- 빵가루 1컵(50g)
- 통후추 간 것 약간

크럼블
- 브로콜리 2/3개(200g)
- 홍고추 1개(20g)
- 마늘 2쪽(8g)
- 캐슈넛 3큰술(30g)
- 크러시드페퍼 약간
  (또는 페퍼론치노 부순 것)

[토마토퓨레 맛 조절하기]
토마토퓨레의 신맛이 강하다면
과정 ③에서 귀리우유 1~2큰술
또는 메이플시럽 1큰술을 추가한다.

1 _ 귀리는 20쪽을 참고해 불린 후 삶는다.
양송이버섯, 양파는 얇게 썰고,
파프리카는 굵게 다진다.

2 _ 푸드프로세서에 크럼블 재료를 넣고
간 후 소금 1/2작은술, 올리브오일 2큰술,
빵가루를 넣고 섞는다.
* 이 과정 후 오븐을 180℃로 예열해요.

3 _ 달군 팬에 올리브오일 약간,
양송이버섯, 양파, 파프리카를
넣고 센 불에서 5분간 볶는다.
삶은 귀리, 토마토퓨레를 넣고
섞은 후 중약 불에서 5분간 끓인다.
소금 약간, 통후추 간 것을 넣는다.

4 _ 오븐용기에 ③를 담고
②의 크럼블을 올린다.
180℃로 예열한 오븐에서 10분간
표면이 노릇해질 때까지 굽는다.

주키니 두부라자냐

평소 시금치와 두부를 무친 반찬을 좋아하는데,
이 메뉴를 서양식 그라탱으로 응용했어요.
시금치와 두부에 두유를 더하고
주키니로 파이처럼 덮으면 새롭고도
재밌는 요리가 완성된답니다.
주키니를 동그란 모양으로
썰어 올려도 좋아요.

3~4인분 / 25~35분

- 주키니 1개
  (또는 애호박, 가지, 400g)
- 시금치 7줌(350g)
- 두부 1모(250g)
- 두유 1/2컵(100㎖)
- 소금 1작은술(4~6g)
- 통후추 간 것 약간
- 참깨 1/2큰술(4g)
- 참기름 1작은술(4g)

1 _ 끓는 물에 두부를 넣고 2~3분간
데친 후 건져 물기를 제거한다.
이때 물은 계속 끓인다.

2 _ ①의 끓는 물에 소금(약간),
시금치를 넣고 30초간 데친다.
체에 받쳐 물기를 뺀 후 1cm 폭으로 썬다.
＊ 이 과정 후 오븐을 180℃로 예열해요.

3 _ 주키니는 필러로 길게
슬라이스한다.

4 _ 볼에 시금치, 두부를 넣고
두부를 으깨면서 섞은 후
두유, 소금, 통후추 간 것, 참깨,
참기름을 넣고 섞는다.

5 _ 오븐용기에 담고 사진처럼 반복해서
주키니로 덮는다. 올리브오일(약간)을
바르고 180℃로 예열한 오븐에서
10~15분간 주키니 가장자리가
노릇해질 때까지 굽는다.

토마토 가지조림

가지와 토마토는 사실 어떤 요리를 해도 잘 어울리는 성공 보장 조합이에요.
가지를 짭조름하게 조린 후 신선한 토마토, 셀러리를 곁들이면 여름에 특히 잘 어울리는
멋진 일품 요리가 된답니다. 바질잎을 더해도 향긋하게 잘 어울려요.

3~4인분 / 30~40분

- 가지 2개(또는 애호박, 약 260g)
- 토마토 2개
  (또는 방울토마토 20개, 400g)
- 양파 1/4개(50g)
- 셀러리 6cm(12g)
- 올리브오일 2~3큰술(30~45g)
- 참기름 약간(또는 고추기름)

양념
- 양조간장 1과 1/2큰술(25g)
- 발사믹식초 1큰술(15g)
- 매실액 1큰술(15g)
- 채수 1/2컵(22쪽, 또는 물, 100㎖)

1 _ 가지는 길게 2등분한 후
1cm 간격으로 격자 모양
칼집을 낸다.

2 _ 양파, 셀러리는 굵게 다지고,
토마토는 사방 1cm 크기로 썬 후
볼에 담아 섞는다.

3 _ 달군 팬에 올리브오일을 두르고
가지를 넣어 중강 불에서 앞뒤로
노릇하게 구운 후 덜어둔다.
* 200℃로 예열한 오븐에서 15분간
구워도 좋아요.

4 _ 팬에 양념 재료를 넣고 센 불에서
끓어오르면 다시 가지를 넣는다.
약한 불로 줄인 후 앞뒤로 뒤집어가며
양념이 1큰술 정도 남을 때까지
5분간 조린다.

5 _ 그릇에 가지, ②의 채소를 담고
④의 가지 조린 양념을 끼얹는다.
취향에 따라 참기름이나 고추기름을
더한다.

렌틸을 넣은 가지 라따뚜이

가지, 호박, 피망 등의 채소를 넣고 끓이는 프랑스 스튜 요리 라따뚜이에
렌틸을 넣어 영양과 포만감을 더했어요. 채소를 푸짐하고 맛있게 먹을 수 있어
손님 초대요리로도 좋습니다.

3~4인분 / 50~60분

- 삶은 렌틸 약 3/5컵(100g)
- 가지 1과 1/2개(200g) + 1/2개(70g)
- 양파 1개(200g)
- 주키니 1/2개(또는 애호박, 200g)
- 파프리카 1/2개(100g)
- 토마토 1개(150g)
- 마늘 2쪽(8g)
- 다진 생강 1작은술(4g)
- 토마토퓌레 1컵(200g)
- 토마토페이스트 1큰술(25g)
- 올리브오일 2큰술 + 1큰술
- 소금 1/2작은술(2~3g)
- 통후추 간 것 약간
- 크러시드페퍼 약간
  (또는 페퍼론치노 부순 것)

[토마토페이스트 대체하기]
토마토페이스트는 토마토퓌레를
농축한 제품으로 조금만 사용해도
맛과 향을 진하게 낼 수 있다.
토마토페이스트 대신 토마토퓌레를
사용할 경우 분량을 3~4배 늘리고,
과정 ⑦에서 끓이는 시간을 늘려
수분을 충분히 날린다.

1 _ 렌틸은 20쪽을 참고해 불린 후
삶는다.

2 _ 가지 1과 1/2개는 0.5cm 두께로 썬다.

3 _ 가지에 소금(1작은술)을 뿌려
20분간 절인 후 키친타월로 눌러
물기를 제거한다.

4 _ 가지 1/2개, 양파, 주키니, 파프리카,
토마토는 사방 1cm 크기로 썰고,
마늘은 편 썬다.

5 _ 달군 팬에 올리브오일 2큰술,
   다진 생강, 양파를 넣고
   센 불에서 5분간 볶는다.

6 _ 주키니, 파프리카, 토마토,
   ④의 가지, 크러시드페퍼를
   넣고 5분간 볶는다.
   * 이 과정 후 오븐을 200℃로 예열해요.

7 _ 삶은 렌틸, 마늘, 토마토퓨레,
   토마토페이스트를 넣고 끓어오르면
   약한 불에서 10분간 저어가며 조린 후
   오븐용기에 담는다.

8 _ ③의 가지를 촘촘히 올린다.
   * 가지는 굽고 나면 수축하기 때문에
   촘촘히 넉넉하게 올려요.

9 _ 올리브오일 1큰술, 소금, 통후추 간 것을
   넣고 200℃로 예열한 오븐에서 10분간
   노릇하게 굽는다.

식물 단백질로 속 채운 토마토구이

두부, 캐슈넛, 템페 등 식물성 단백질로 속을 꽉 채운 토마토 요리예요. 칼로 썰어 한입 먹으면 바삭한 크럼블과
상큼한 토마토, 고소한 속재료의 조화가 매력적이랍니다. 뜨겁게 먹어도, 차갑게 먹어도 맛있어요.

4개분 / 30~40분

- 토마토 4개

속재료
- 두부 1/2모(150g)
- 템페 1/4봉(50g)
- 셀러리 10cm(20g)
- 파프리카 1/7개(30g)
- 캐슈넛 2큰술(20g)
- 빵가루 2큰술(10g)
- 올리브오일 1큰술(15g)
- 소금 1작은술(4g)
- 크러시드페퍼 약간
  (또는 페퍼론치노 부순 것)
- 통후추 간 것 약간

크럼블
- 빵가루 3/4컵(50g)
- 다진 파슬리 1작은술(5g)
- 소금 1/2작은술(2~3g)
- 올리브오일 2/3큰술(10g)
- 통후추 간 것 약간

[재료 알기] 템페 61쪽

1 _ 토마토는 윗부분을 1cm 두께로
썰어 꼭지를 제거한 후 씨를 빼낸다.
캐슈넛, 템페, 셀러리, 파프리카는
굵게 다진다. ＊이 과정 후 오븐을
160℃로 예열해요.

2 _ 볼에 두부를 넣고 으깬 후
나머지 속재료와 섞는다.
다른 볼에 크럼블 재료를 섞는다.

3 _ 토마토에 속재료를 채우고
크럼블을 올린다.

4 _ 오븐용기에 남은 크럼블을 넣고
펼친 후 토마토를 올린다. 160℃로
예열한 오븐에서 15~20분간 굽는다.

떠먹는
콜리플라워 피자

빵 대신 콜리플라워를 이용해 도우를 만들었어요.
빵 반죽과는 달리 점착력이 없어 금방 눅눅해지기 때문에
숟가락으로 떠먹는 것이 좋답니다. 바질페스토와
토마토소스 두 가지 버전으로 만들어보세요.

지름 20cm 2개분 / 40~50분

• 시판 바질페스토 2~3큰술
　(또는 홀토마토 으깬 것,
　토마토 스파게티 소스)

도우
• 콜리플라워 1개
　(또는 브로콜리, 400g)
• 바게트 2조각(또는 치아바타, 30g)
• 아몬드가루 1과 1/2큰술
　(또는 통밀가루, 10g)
• 올리브오일 1큰술(15g)
• 소금 약간(1g)
• 통후추 간 것 약간

토핑
• 방울토마토 8개(120g)
• 파프리카 1/3개(70g)
• 새송이버섯 1/2개(40g)
• 방울양배추 2~3개(40g)
• 샬롯 2개(또는 양파 1/5개, 40g)
• 완두콩 1/4컵(25g)

밑간
• 로즈마리 2줄기
• 올리브오일 1큰술(15g)
• 크러시드페퍼 약간
　(또는 페퍼론치노 부순 것)
• 소금 약간(1g)
• 통후추 간 것 약간

1 _ 푸드프로세서에 도우 재료를 넣고
　곱게 간다. 대강의 한 덩어리로
　만든 후 2등분한다.
　* 이 과정 후 오븐을 180℃로 예열해요.

2 _ 도우 한 덩어리를 지름 20cm 크기로
　동그랗게 펼친다. 오븐용기에 올리고
　180℃로 예열한 오븐에서 20분간
　노릇하게 구운 후 그릇에 옮긴다.

3 _ 토핑 재료는 한입 크기로 썰어
　오븐용기에 넣은 후 밑간 재료와
　섞는다. 200℃로 예열한
　오븐에서 8~10분간 굽는다.

4 _ ②의 도우에 바질페스토를 바르고
　③의 토핑을 올린다.
　* 도으가 금방 눅눅해지므로
　숟가락으로 떠먹는 것이 좋아요.

과일샐러드와 베지스테이크

병아리콩과 밥, 채소를 넣어 만든 베지 패티는 요즘 유행하는 대체육 비건 패티와는 맛도 식감도 많이 달라요.
하지만 베지 패티와 제철 과일로 만든 샐러드를 한 번 맛보면 자연스러운 그 맛에 틀림없이 반할 거예요.

5개분 / 20~25분(+냉장 숙성하기 1시간)

- 금귤 250g(또는 제철과일)
- 셀러리 15cm(30g)
- 양파 1/10개(20g)
- 올리브오일 약간
- 허브 약간(파슬리, 딜, 생략 가능)

레몬 드레싱
- 레몬즙 3큰술(45g)
- 메이플시럽 1큰술(또는 꿀, 15g)
- 올리브오일 3큰술(45g)
- 소금 1/2작은술(2~3g)
- 통후추 간 것 약간

베지스테이크
- 삶은 병아리콩 약 4/5컵(20쪽, 140g)
- 현미밥 100g
- 당근 1/3개(약 60g)
- 밑동 뗀 표고버섯 3개
  (또는 양송이버섯, 80g)
- 대파 20cm(70g)
- 통밀가루 1큰술(10g)
- 다진 마늘 1/2큰술
- 양조간장 1큰술(15g)
- 올리브오일 2큰술(30g)
- 빵가루 1/2컵(약 35g)
- 소금 약간(1g)
- 통후추 간 것 약간

[과일 사용하기]
금귤, 복숭아, 사과, 천도복숭아,
포도, 배 등 단단한 과일을 사용한다.

[보관하기]
과정 ③까지 진행한 후 패티를
냉동 보관(3개월)한다. 해동 없이
달군 팬에 올리브오일을 두르고
패티를 넣은 후 약한 불에서 뚜껑을 덮고
5~7분간 뒤집어가며 익힌다.

1 _ 금귤은 얇게 썰고, 셀러리,
　양파는 굵게 다진다.

2 _ 볼에 금귤, 셀러리, 양파,
　레몬 드레싱 재료를 넣고 섞은 후
　냉장실에 1시간 이상 둔다.

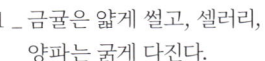

3 _ 푸드프로세서에 베지스테이크
　재료를 넣고 간 다음 약 110g씩
　5등분한 후 둥글납작하게 빚는다.
　* 빚은 후 냉동실에 1~2시간 얼리면
　구울 때 덜 부서져요.

4 _ 달군 팬에 올리브오일을 두르고
　베지스테이크를 올려 중간 불에서
　앞뒤로 각각 2분씩 노릇하게 굽는다.
　그릇에 ②의 샐러드와 함께 담은 후
　허브를 올린다.
　* 자주 뒤집으면 부서지니 한 면을
　충분히 익힌 후 한 번만 뒤집어요.

구운 채소와 수수스테이크

수수와 표고버섯은 고기 대용으로 많이 사용하는
대표적인 재료예요. 말하지 않으면 고기로 착각할 정도로
식감과 색이 비슷하답니다. 패티 모양으로 만드는 대신
동그랗게 빚어 미트볼처럼 활용해도 좋아요.

청포도 피클 164쪽

6개분 / 40~50분(+얼리기 1시간)

• 양파 1개(200g)
• 올리브오일 2큰술(30g)

수수스테이크
• 삶은 수수 약 2컵(400g)
• 양파 3/4개(150g)
• 밑동 뗀 표고버섯 2~3개(10g)
• 통밀가루 1큰술(10g)
• 된장 2큰술(30g)
• 빵가루 1컵(50g)
• 통후추 간 것 약간

채소구이
• 파프리카 1개(200g)
• 가지 1개(약 130g)
• 주키니 1/4개(약 90g)
• 줄기콩 6~7개(60g)
• 샬롯 2개(35~40g)
• 소금 약간(1g)
• 통후추 간 것 약간
• 올리브오일 약간

생강 오리엔탈 소스
• 물 2큰술(30g)
• 양조간장 2큰술(30g)
• 메이플시럽 1큰술(15g)
• 올리브오일 1과 1/3큰술(20g)
• 생강즙 1작은술(22쪽, 5g)
• 통후추 간 것 약간

[보관하기]
과정 ②까지 진행한 후 패티를
냉동 보관(3개월)한다. 해동 없이
달군 팬에 올리브오일을 두르고
패티를 넣은 후 약불에서 뚜껑을 덮고
5~7분간 뒤집어가며 익힌다.

1 _ 수수는 20쪽을 참고해 불린 후
삶는다. 푸드프로세서에
수수스테이크 재료를 넣고 간다.

2 _ 반죽을 약 120g씩 6등분한 후
둥글납작하게 빚는다.
양면에 통밀가루를 묻혀 냉동실에
1시간 동안 넣어둔다.
* 이 과정 후 오븐을 200℃로 예열해요.

3 _ 양파는 모양대로 1cm 두께로 썰고,
채소구이 재료는 한입 크기로 썬다.

4 _ 종이호일을 깐 오븐용기에 채소구이
재료를 넣고 버무린 후 200℃로
예열한 오븐에서 20분간 굽는다.

5 _ 달군 팬에 올리브오일을 두르고
수수스테이크를 올려 중간 불에서
앞뒤로 각각 5분씩 노릇하게 구운 후
그릇에 덜어둔다.

6 _ 팬에 양파를 넣고 센 불에서
앞뒤로 각각 1~2분간 노릇하게 구운 후
그릇에 덜어둔다.

7 _ 팬에 생강 오리엔탈 소스 재료를
모두 넣고 센 불에서 걸쭉해질 때까지
졸인다.

8 _ 구운 수수스테이크, 양파를 넣고
소스를 끼얹으며 코팅한다.
그릇에 담고 ④의 채소구이를
곁들인다.

Part 8

간단한 사이드디시

이 책을 열심히 따라했다면 지금쯤
냉장고에 자투리 채소들이 제법 남아 있을 거예요.
애매하게 남은 채소들은 피클이나 절임류를 만들면
한 번에 소진할 수 있답니다.
요리에 곁들이거나 샐러드, 핑거푸드 등으로
다양하게 활용하세요.

[병 소독하기]
피클·절임은 저장용기에 담아 공기와의 접촉을 최소화하면
1개월 정도 보관할 수 있어요. 다음의 방법을 참고해 병을 꼭 소독하고,
1개월 이상 보관할 경우 피클물과 채소를 분리해 끓인 후 식혀서 넣고
되도록 3개월 이내에 먹어요.

방법 ① _ 끓는 물에 병을 넣고 1분 정도 삶은 후 물기를 완전히 말린다.
방법 ② _ 200℃ 오븐에 넣고 2~3분간 살균한 후 사용한다.
방법 ③ _ 청주나 소독용 알코올을 병에 분무한 후 그대로 말린다.

청포도 피클

청포도나 샤인머스캣을 이용해 피클을 만들면
그 어떤 피클보다도 상큼한 맛이 매력적이에요.
그릇에 잎채소와 함께 담고 올리브오일만 뿌리면
간단하고 맛있는 청포도 샐러드가 완성됩니다.

래디시 피클

래디시는 특히 모양과 색이 예뻐서 요리에 자주
사용하는데, 구할 수 있는 시기가 짧아 항상 아쉬워요.
이런 재료들은 피클로 만들어두면 조금이나마
아쉬움을 달랠 수 있답니다.

청포도 피클

500㎖ 1병분 / 10~15분

• 청포도 1/2송이(또는 다른 포도, 방울토마토, 250g)
• 샬롯 1개(또는 적양파, 20g)
• 레몬 껍질 1개분
• 애플민트 3~4줄기

피클물
• 화이트 발사믹식초 120g
• 메이플시럽 120g
• 소금 약간
• 통후추 간 것 약간

1 _ 청포도는 양 끝을 제거한 후 2등분하고,
    샬롯은 얇게 썬다. 레몬은 필러로 껍질을 벗긴다.
2 _ 볼에 피클물 재료를 섞는다.
3 _ 저장용기에 모든 재료를 담고 피클물을 붓는다.
    냉장실에서 2~3시간 숙성시킨다.

래디시 피클

500㎖ 1병분 / 10~15분

• 래디시 7~8개(또는 무, 연근, 200g)
• 래디시잎 2~3줄기(또는 루꼴라, 열무, 배추, 40g)
• 레몬 1/3개(또는 라임, 오렌지)

피클물
• 소금 5g
• 물 20g
• 애플사이다비네거 180g(또는 사과식초, 레몬식초)
• 조청 60g(또는 올리고당, 메이플시럽)

1 _ 래디시, 래디시잎은 한입 크기로 썰고, 레몬은 얇게 썬다.
2 _ 볼에 피클물을 섞은 후 소금과 조청이 녹을 때까지 충분히 저어준다.
3 _ 저장용기에 모든 재료를 담고 피클물을 붓는다.
    냉장실에서 1일간 숙성시킨다.

가지구이 피클

물컹한 식감 때문에 그동안 가지를 즐기지 않았더라도
이 피클만큼은 꼭 도전해보세요. 가지를 절인 후 한 번 굽는
과정에서 몰라보게 식감이 쫀득해진답니다.
피클물이 간장 베이스여서 한식 반찬으로도 잘 어울려요.

500㎖ 1병분 / 40~45분

- 가지 2개(250g)
- 홍고추 1개
- 로즈마리 2~3줄기
- 월계수잎 1장
- 통후추 5알
- 올리브오일 1큰술(15g)

피클물
- 채수 200g(22쪽, 또는 물)
- 양조간장 45g
- 사과식초 10g
- 매실청 20g

1 _ 가지는 1×5cm 크기로 썰고,
　　홍고추는 어슷 썬다.

2 _ 가지에 소금(1작은술)을 뿌려
　　20분간 절인 후 키친타월로 눌러
　　물기를 제거한다.

3 _ 볼에 피클물 재료를 섞는다.

4 _ 달군 팬에 올리브오일을 두른 후
　　가지, 홍고추, 로즈마리를 넣고
　　센 불에서 10분간 노릇하게 굽는다.

5 _ 저장용기에 ④와 월계수잎, 통후추를
　　담고 피클물을 붓는다.
　　냉장실에서 1일간 숙성시킨다.

콜리플라워 오일절임

콜리플라워는 맛과 향이 진하지 않은 덕분에 절임을 만들면
다양하게 활용할 수 있어요. 방울양배추, 셀러리 같은
단단한 채소가 있다면 함께 넣어도 좋습니다.

500㎖ 1병분 / 15~25분

- 콜리플라워 1/2개(또는 브로콜리, 셀러리,
  방울양배추, 아스파라거스, 줄기콩, 200g)
- 꽈리고추 5개(또는 다른 고추, 피망,
  파프리카, 100g)
- 홍고추 1개(또는 다른 고추, 20g)
- 대파 흰 부분 5cm(20g)
- 소금 2/3작은술(3g)
- 통후추 간 것 약간
- 통후추 4~5알
- 올리브오일 약간 + 1과 1/2컵(300㎖)

[활용하기]

- 샐러드
  케일, 루꼴라, 시금치 등의
  잎채소와 버무린다.

- 볶음요리
  팬에 넣고 데운 후 청경채,
  캐슈넛 등을 넣고 볶는다.

- 부르스케타
  천연발효빵에 올린 후
  180℃ 으븐에서 15분간 굽는다.

1 _ 콜리플라워는 송이 부분만
한입 크기로 썰고, 대파는 송송 썬다.
꽈리고추는 2등분하고, 홍고추는
어슷 썬다.

2 _ 달군 팬에 올리브오일 약간,
콜리플라워, 꽈리고추,
홍고추, 대파를 넣고 센 불에서
3~4분간 노릇하게 구운 후
소금, 통후추 간 것을 넣는다.

3 _ 저장용기에 ②, 통후추 4~5알을 담고
재료가 충분히 잠길 정도로
올리브오일 1과 1/2컵을 붓는다.
냉장실에서 6시간 숙성시킨다.

구운 채소 오일절임

단단한 채소가 있다면 모두 활용해보세요.
레시피에 적힌 채소 외에 단호박, 비트, 마늘,
고구마, 주키니 등을 활용해도 좋아요.

500㎖ 1병분 / 35~40분

- 가지 1/2개(50g)
- 미니 파프리카 2~3개
  (또는 파프리카, 80g)
- 미니 당근 2~3개(또는 당근, 20g)
- 래디시 3개(또는 무, 80g)
- 미니 아스파라거스 2~3개
  (또는 줄기콩, 15g)
- 로즈마리 2~3줄기
- 올리브오일 1큰술 + 1과 1/2컵(300㎖)
- 소금 약 1/2작은술(2g)
- 통후추 간 것 약간

1 _ 가지는 한입 크기로 썬다.
소금(2작은술)을 뿌려 20분간 절인 후
키친타월로 눌러 물기를 제거한다.
* 이 과정 후 오븐을 200℃로 예열해요.

2 _ 나머지 채소는 한입 크기로 썰어
오븐용기에 넣은 후 로즈마리,
올리브오일 1큰술, 소금,
통후추 간 것을 넣고 버무린다.

3 _ 가지를 넣은 후 200℃로 예열한
오븐에서 10분간 굽는다.
* 팬에서 노릇하게 구워도 돼요.

4 _ 저장용기에 담고 재료가
충분히 잠길 정도로
올리브오일 1과 1/2컵을 붓는다.
냉장실에서 6시간 숙성시킨다.

Index 주재료별 메뉴 찾기

< 홀그레인 채소 요리 >와 **함께 보면 좋은 책**

통곡물로 맛과 영양 모두 잡은 채식 베이킹

< 홀그레인 비건 베이킹 >
베지어클락 김문정 지음 / 168쪽

**홀그레인 비건 베이킹 전문가 베지어클락의
오감만족 레시피 46가지**

☑ **Basic guide** 홀그레인 비건 베이킹 총정리
☑ **Chapter1** 통곡물로 만드는 기본 베이킹과 스프레드
☑ **Chapter2** 통곡물에 견과, 씨앗 등을 섞은 비건 베이킹
☑ **Chapter3** 통곡물에 채소와 과일을 더한 비건 베이킹
☑ **Plus recipe** 그래놀라와 영양바

> 이렇게 다양하고 맛있는
> 레시피들이 가득 담긴
> 비건 베이킹 책은 처음입니다.
> 투박한 책이 많은데, 이 책은
> 예쁘고 세련되기까지 해요.
>
> - 온라인 서점 알라딘
> 박** 독자님 -

한 번쯤 채식을 생각해본 당신이라면, 지금부터 채식 연습

< 채식 연습 : 천천히 즐기면서 채식과 친해지기 >
이현주 지음(채식한약사, 한국고기없는월요일 대표) / 224쪽

" 다양한 채소를 색다르게,
   조리법은 단순해서 좋아요.
   채소와 잘 어울리고 영양가 있는 소스가
   이렇게 많을 줄이야!"
   - 온라인 서점 알라딘 박** 독자님 -

몸과 마음이 편안해지는 사찰음식을 우리집 식탁에서

< 채식이 맛있어지는 우리집 사찰음식 >
정재덕 지음(사찰음식 명인, 사찰음식 전문 셰프) / 176쪽

" 아이의 아토피가 심해서
   맞지 않는 재료들을 제외하고 나니
   먹을 게 없어 이 책을 사서 따라 했어요.
   고기나 생선을 쓰지 않고도
   맛있는 집밥이 완성되니 신기해요."
   - 온라인 서점 알라딘 시크** 독자님 -

홀그레인
채소 요리

통곡물, 채식을 완성하다

1판 1쇄 펴낸 날	2022년 6월 20일

편집장	김상애
편집	고영아
디자인	원유경
사진	허인영(Stud o HER, 어시스턴트 조하나)
스타일링	김주연(u r today, 어시스턴트 박제희)
요리 어시스턴트	이선주
영업 · 마케팅	김은하 · 고서진

고문	조준일
펴낸이	박성주

펴낸곳	(주)레시피팩토리
주소	서울특별시 송파구 올림픽로 212 갤러리아팰리스 A동 1224호
대표번호	02-534-7011
팩스	02-6969-5100
홈페이지	www.recipefactory.co.kr
애독자 카페	cafe.naver.com/superecipe
출판신고	2009년 1월 28일 제25100-2009-000038호

제작 · 인쇄	(주)대한프린테크

값 17,600원

ISBN 979-11-92366-02-9